中災防ブックレット

マネジメントシステムで進める
健康経営

取組みの全体像と実践

著
武藤 潤・渡辺 哲

中央労働災害防止協会

まえがき

労働安全衛生マネジメントシステム（ＯＨＳＭＳ）の国際規格であるＩＳＯ４５００１が二〇一八年に発行され、多くの企業で導入が進んでいます。また、経済産業省が中心となって進める「健康経営」も、急速に普及が拡大しています。この二つは、これまで法令準拠型で進められてきた日本の労働安全衛生に、大きな変革をもたらす仕組みです。このタイミングで、武藤さん、渡辺さん共著の『マネジメントシステムで進める健康経営〜取組みの全体像と実践』が刊行されたことは、誠に意義深いことだと思っています。

わたしは、長年、労働衛生（産業保健）分野に身を置き、産業医の育成に取り組んできました。産業医は、経営資源を利用して、働く人の健康確保を支援する仕事ですから、経営者と「共通の言語」を持つことが重要です。そこで、産業医向けに、企業経営者の講義や経営関係の書籍や雑誌を題材にした研修を、しばしば提供してきました。しかし、この本を読むと、むしろ企業経営の中枢にいる方が、本来、私たち労働衛生分野で仕事をする専門家側の言葉の持ち主であることが分かり、強い感銘を受けます。

本書では、「健康経営」を取り上げ、働く人の健康に投資する意義と、労働衛生と健康管理を統合した統合型健康経営の必要性が説かれています。本書とともに、前作である『安全・健康・環境におけるトップの覚悟と役割―リスクベースで取り組む安全操業』を読むと、両氏の考え方の全体像がよく理解できます。

多くの重要な示唆がある二冊ですが、私には、次の四点が特に印象に残りました。第一に企業における安全と健康の実現のためには、何よりも「経営トップのコミットメント」が重要ということです。第二にＯＨＳＭＳを活用した法令準拠型から自律型労働安全衛生への転換の必要性です。ＯＨＳＭＳは、従来の仕組みとのダブルスタンダードになることを防げば、極めて効率的な取組みが可能となります。第三に統合型安全衛生の重要性です。行動災害の背景には体力低下があり、労働起因の健康障害の背景には個人の病気があります。そこには働く人の高齢化という背景があり、連携して取り組むことによって成果が上がります。第四に労働衛生・産業保健の専門家の活用の重要性です。これからは職場に存在するリスクやニーズへの自律的な対応が求められますが、成果を上げるためには、体系的な教育を受けた専門家の活用が不可欠です。

本書には、我が国におけるこれからの労働安全衛生および健康経営を展開するためのヒントが多く含まれています。経営層をはじめ個人の健康、労働衛生に携われている多くの方々に是非お読みいただきたいと思います。

産業医科大学　産業生態科学研究所教授

森　晃爾

目次

まえがき　2

1　なぜ「健康経営」なのか？……6
平均寿命より健康寿命・6／百七歳まで長生き・7

2　健康経営をスタート……11
自己紹介します・11／「健康経営銘柄」に選定・12

3　企業にとって「健康」とは？……16
まずは一人ひとりの健康、結果として企業価値向上・16／先進的企業SAP社の事例・17

4　安全・健康・環境……20
安全・健康・環境は企業活動の大前提・20

5　「健康」の特徴、「安全」の特徴……24
「安全」は短期、「健康」は長期・24／健康被害は深く静かに進む・27／知らぬと仏……・28

6　「健康」の二つの側面……31
「労働衛生」と「個人の健康」・31／健康ピラミッド・32／全体像を理解する・34／二つとも大切・35

7　ＪＸＴＧエネルギー社の取組み―全体および労働衛生……37
健康経営度評価からスタート・37／操業管理システム「ＳＯＭＳ」・39／リスクアセスメント・41
／インダストリアル・ハイジニストが必要・42／リスクアセスメントの方法・44
／リスク低減対策の流れ・47
8　ＪＸＴＧエネルギー社の取組み―個人の健康……50
「個人の健康」の難しさ・50／健康情報データベースを統合・51／五つの重点項目・53
／取組み事例――健康支援システムの整備など・54
9　まとめ―健康経営に欠かせないトップの役割……58
体系的で継続的な取組みを・58／トップのリーダーシップが必要・60
あとがき・62

本書は、二〇一九年の第七八回全国産業安全衛生大会（京都大会）のメンタルヘルス・健康づくり分科会で行った講演『健康経営の意義とトップの役割』の講演録に加筆してとりまとめたものです。

1　なぜ「健康経営」なのか？

平均寿命より健康寿命

日本人の平均寿命の推移を見てみますと、この一〇〇年くらいで約二倍と、飛躍的に伸びております。一九〇〇年当時、平均寿命は四五歳前後でしたが、一九五〇年には六〇歳くらいとなり、さらに五〇年後の二〇〇〇年には八〇歳を超えています（図1）。この背景にあるのは医療の発展であり、乳児の死亡率や感染症による死亡率の減少などが挙げられています。平均寿命が延びることは、とても喜ばしいことです。けれども、健康な高齢者が単純に増加する、すなわち健康長寿につながるわけではないという現実があります。

皆さんは、「健康寿命」という言葉をご存知ですね？　健康寿命とは、「日常の生活が制限されることなく、自立して生活できる期間、寿命」のことで、足元では、健康寿命と平均寿命の差が問題になっています。寝たきりの高齢者の増加、認知症や要介護者の増加など楽観できる状況にはないと思っています。この健康寿命と平均寿命の差を見てみると、男性の健康寿命は平均寿命よりも約九年、女性では約十二年短くなっています（図2）。これは健康上の問題で、医療や支援、介護を必要とする期間で、日常生活に支障を来したり、制限のある期間が、人生の晩年に約十年もあるということです。

少子高齢化が進む中で、支える側である現役世代の医療費や介護の負担増、また支える

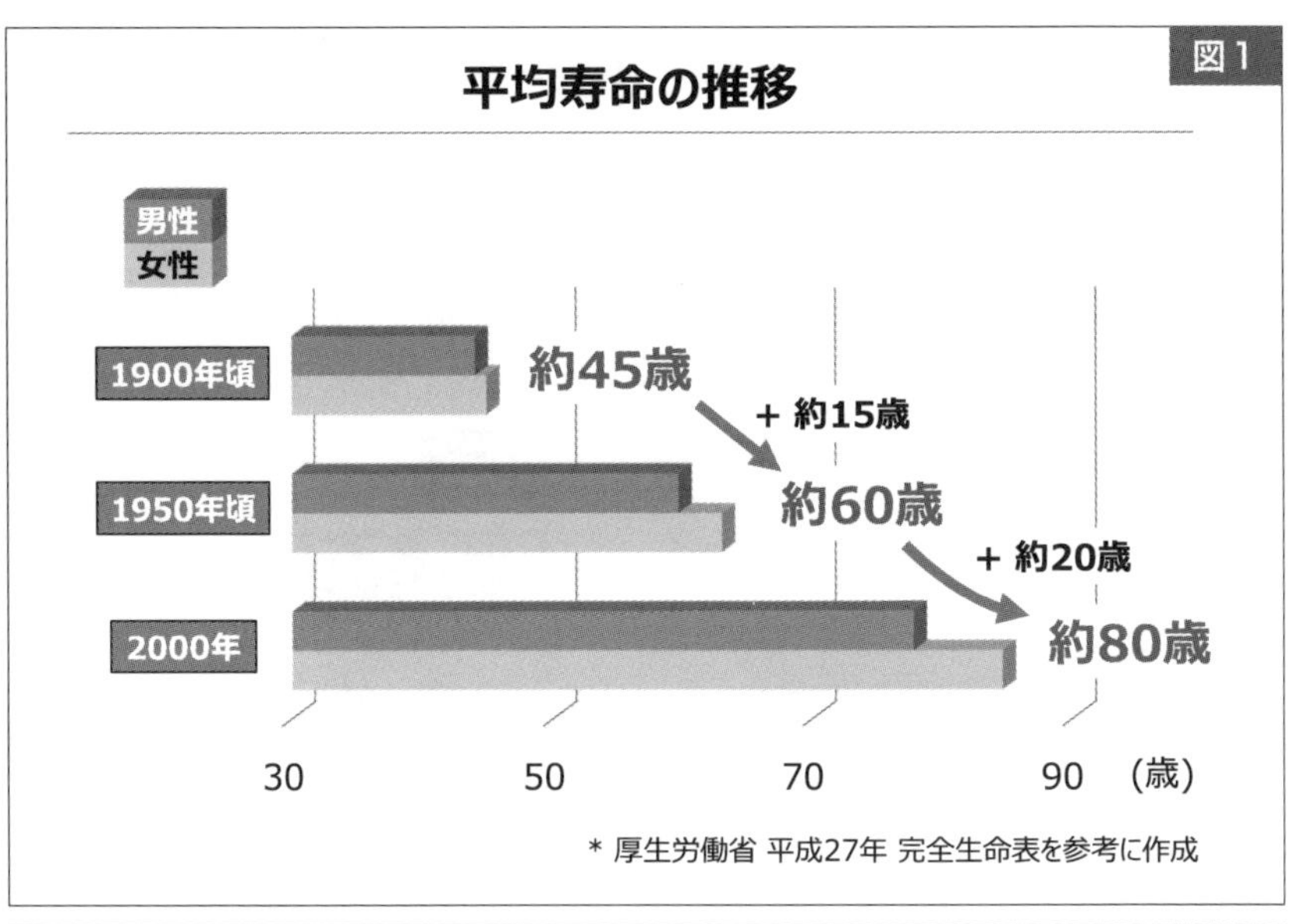
図1
平均寿命の推移
男性
女性
1900年頃
1950年頃
2000年
約45歳
+ 約15歳
約60歳
+ 約20歳
約80歳
30
50
70
90
（歳）
＊ 厚生労働省 平成27年 完全生命表を参考に作成

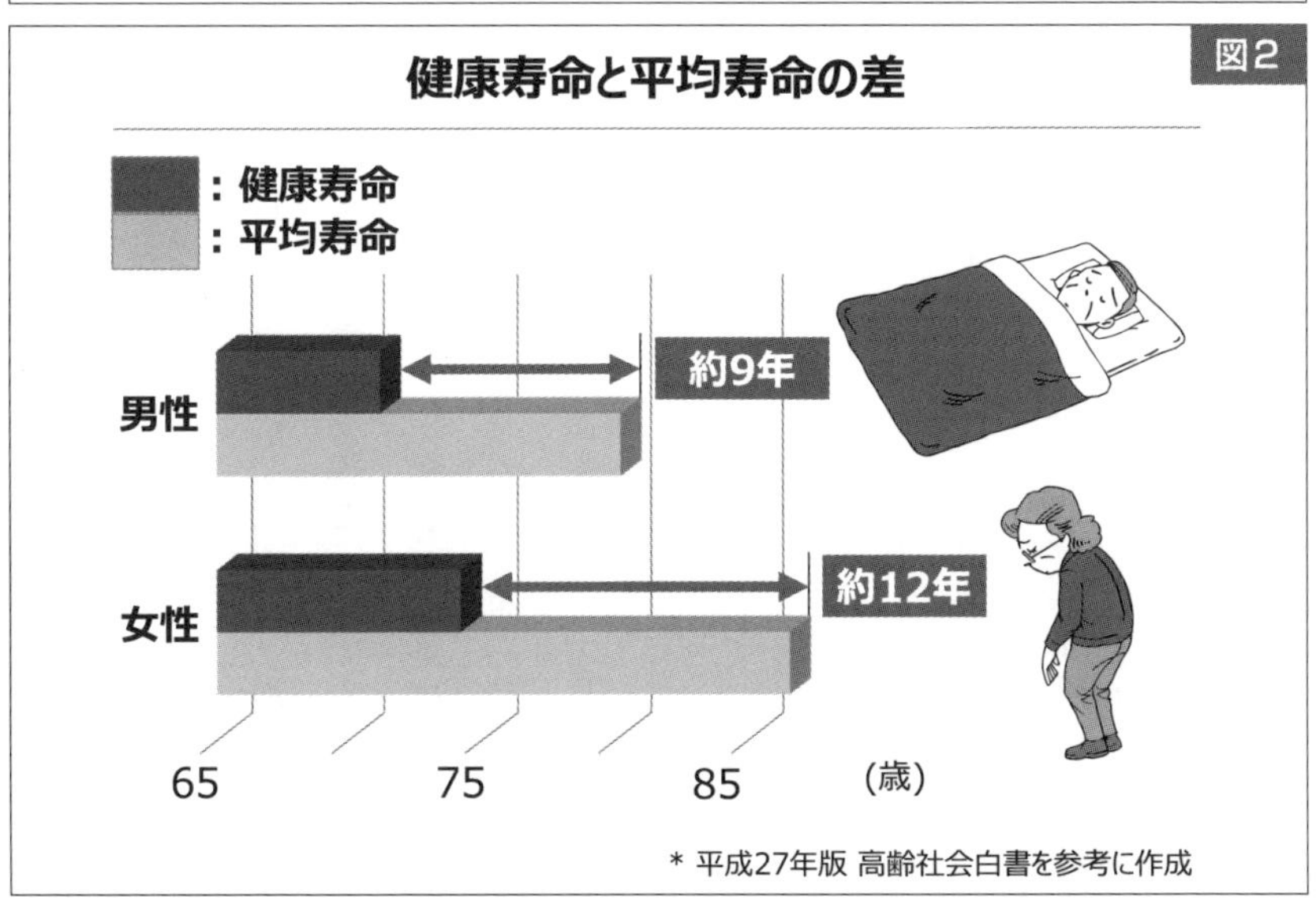
図2
健康寿命と平均寿命の差
：健康寿命
：平均寿命
男性
約9年
女性
約12年
65
75
85
（歳）
＊ 平成27年版 高齢社会白書を参考に作成

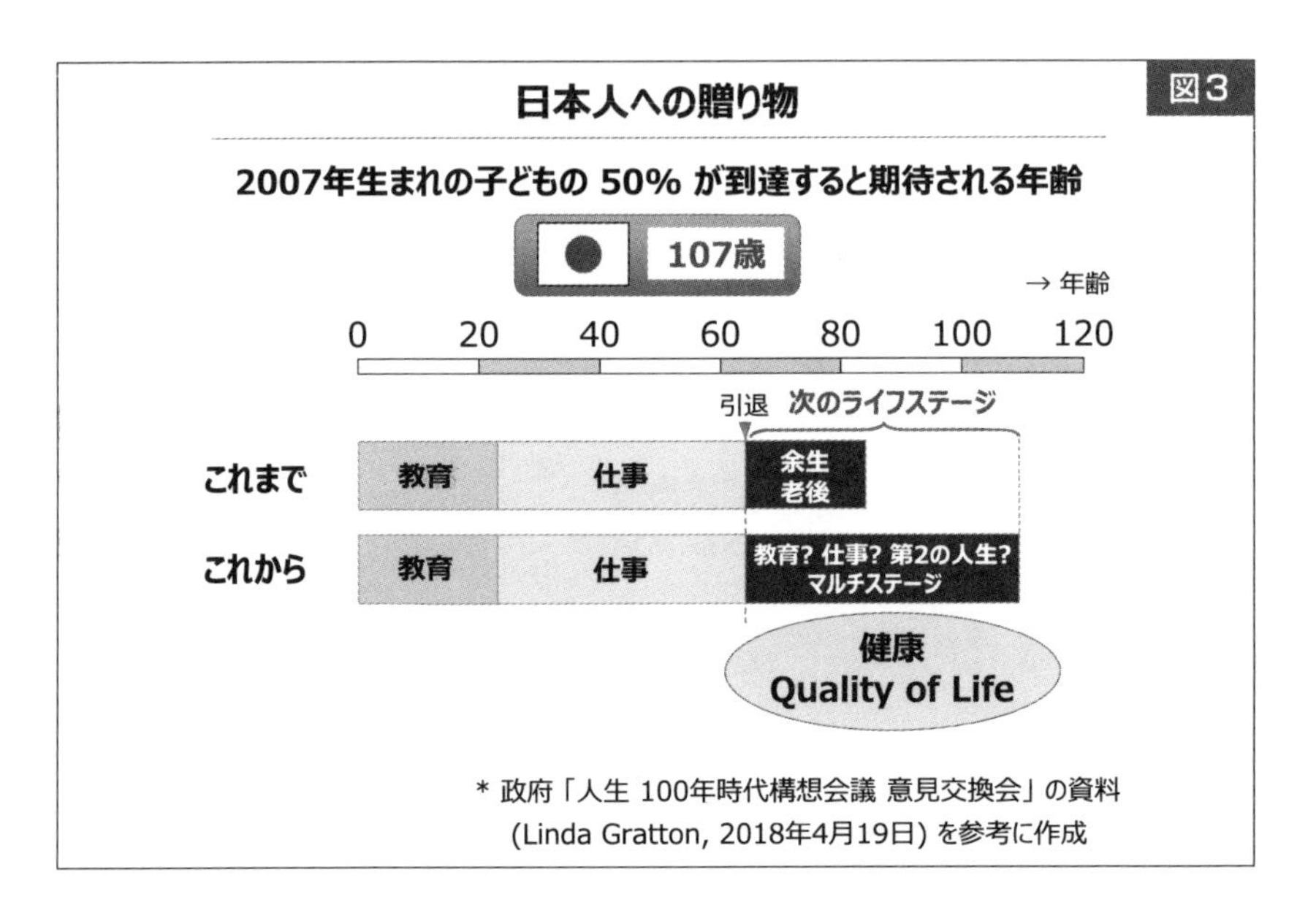

家族の精神的・肉体的負担の問題もあります。そして、何よりも本人が一番不本意でしょう。行動が制約され、生活が制限されます。自立した生活ではなく、周囲の人々に依存し続けざるを得ないのですから、生活の質（ＱＯＬ：Quality of Life）が充実しているとは言えません。健康寿命を延ばして、平均寿命との差を小さくすることがとても重要です。

百七歳まで長生き

さて、二〇〇七年生まれの子供たちの半数が到達すると思われる年齢は、何歳だと思いますか？ 科学的・疫学的な推定値によると、百歳を超えて、なんと百七歳です（**図3**）。この年齢は、二〇一八年に行われた政府の「人生一〇〇年時代構想会議」のキックオフミーティングで示された、ロンドンビジネススクールのリンダ・グラットン教授の資料に含まれていたものです。その資料には「日本人への贈り物」というタイトルがついていました。長生きすることは、健康を損なうリスクや経済的なリスクなど、不確実性が増すことにつながりますが、一方でさまざまな可能性を秘めています。

これまでの日本では、二十歳前後で教育期間が終了した後、働き始めて、約四十年間の働く期間があり、その後、退職してフルタイムの余生・老後を迎えるというスリーステージの人生が、典型的なパターンだったと言えるでしょう。これが、寿命が百年超になると、退職後にさらに四十年もあります。先ほどのグラットン教授の研究では、人が七十歳〜八十歳まで働くことを推奨しています。この背景には経済的な側面もありますが、早く退職してフルタイムの余生、老後で社会との関わりが少ない生活を長く続けると、認知症にかかるリスクが高まる、という理由もあります。

この約四十年に及ぶ第二の人生を、生き生きと、そして健康に、ＱＯＬをキープすることは、「充実した人生を送る」という観点からとても重要だと考えています。そして、私どもは企業として、現在、働いている世代が、どのようなマルチステージを歩もうと、健康で次のステージ（第二の人生）に送り出す義務があると考えています。

六十歳〜六五歳で退職してフルタイムの余生・老後を送るのでなく、これからは第二の人生が始まるわけで、従来型のスリーステージに加えて、さらに多角的なマルチステージになります。健康経営に関わる取組みを充実させることが、健康寿命を延ばして、ＱＯＬをキープし、仕事のやりがいや生きがい、一人ひとりの人生の充実につながると信じています。

2　健康経営をスタート

自己紹介します

私は石油・エネルギー関係の会社に入社して三十七年になります（**図4**）。その半分は製油所、工場といった現場で、もう半分は管理部門を経験しました。二〇〇〇年前後から、オイルメジャーであるエクソンモービル社関係の仕事を十年以上兼任しました。この間、欧米の「S・H・E※」、すなわち「安全・健康・環境」をワンセットで取り扱う考え方や、リスクベースによる取組み、そしてS・H・Eに限ったことではありませんが、業務をシステマティック（体系的、網羅的）に進めるマネジメントシステムの重要性、また、それを生かすリーダーシップのあり方についても多くのことを学び、体得することができたと実感しています。

ただ、申し上げたいことは、私は、いわゆる欧米流経営の信奉者ではありません。私は目的を明確にして、目的に沿って物事を進めることが好きなのです。その際、私が大切に思っていること――価値観と言い換えてもよいかと思いますが――を挙げますと、「安全・安心、健康」に始まり、「多様性」「公平・公正」「向上心」そして「実効性」となります。

※S・H・E：Safety, Health, Environment

自己紹介

図4

武藤 潤（むとう じゅん）

【出身地】
栃木県

【大切に思ってること】
- 安全・安心、**健康**
- 多様性
- 公平・公正
- 向上心
- 実効性

【趣味】
- **歩くこと**
- **禁煙すること**
- クラシックを聞くこと
- 蕎麦を打つこと
- ピアノを弾くこと

略歴

1982年 横浜国立大学 工学部 卒業
1993年 慶應義塾大学 大学院 経営管理研究科修了

1982年 ゼネラル石油株式会社 入社
2003年 東燃ゼネラル石油株式会社
　取締役 和歌山工場長
2006年 同社 代表取締役 常務取締役 川崎工場長
2012年 同社 代表取締役 社長
2017年 JXTG ホールディングス株式会社
　代表取締役 副社長執行役員 社長補佐（現在）

ExxonMobil 関係
2000年 ジャパン リージョナル エンジニアリングオフィス
　プロジェクトサービス マネージャー
2002年 アジアパシフィックエリア エンジニアリングオフィス
　プロセスアンドイクイップメント マネージャー

ちなみに私の趣味は、歩くことと禁煙することです。禁煙と言うと「なんだ」と思われる方もいらっしゃるかと思いますが、禁煙の回数で言いますと、これまで四十回以上の禁煙を経験しております。今回は六年間続いておりますが、それまでは、最長で三週間（笑）、最短は三時間（笑）でした。趣味と思って楽しく禁煙しております。

「健康経営銘柄」に選定

次に、当社ＪＸＴＧグループの紹介をさせていただきます。当社は、二〇一七年にＪＸと東燃ゼネラル石油が経営統合して誕生した、連結売上規模が約十兆円の会社です。ＪＸＴＧホールディングスの傘下に、中核事業三社として、主に石油・石油化学といったダウンストリーム（下流部門）事

業を行う「ＪＸＴＧエネルギー」、石油やガス開発といったアップストリーム（上流部門）事業を担う「ＪＸ石油開発」、そして銅を中心とした資源開発や精錬事業、ほかに半導体を中心としたＩＣＴ※（情報通信技術）を支える銅箔事業などを手掛ける「ＪＸ金属」の三社があります（**図５**）。

当社の健康経営はまだスタートラインに立ったところですが、二〇一九年に「健康経営銘柄２０１９」に初めて選定されました。非上場の中核事業三社につきましては、「健康経営優良法人　ホワイト５００」に選定されました（**図６**）。これらの健康経営に関わる顕彰制度については、皆様もよくご存知のことと思います。

※ＩＣＴ：Information and Communication Technology（情報通信技術）

図6

JXTGホールディングス株式会社

「健康経営銘柄 2019」取得

中核 3社

「健康経営優良法人～ホワイト 500～」
2019 取得

以下、JXTGエネルギーの事例を中心にお話を…

JXTGエネルギー

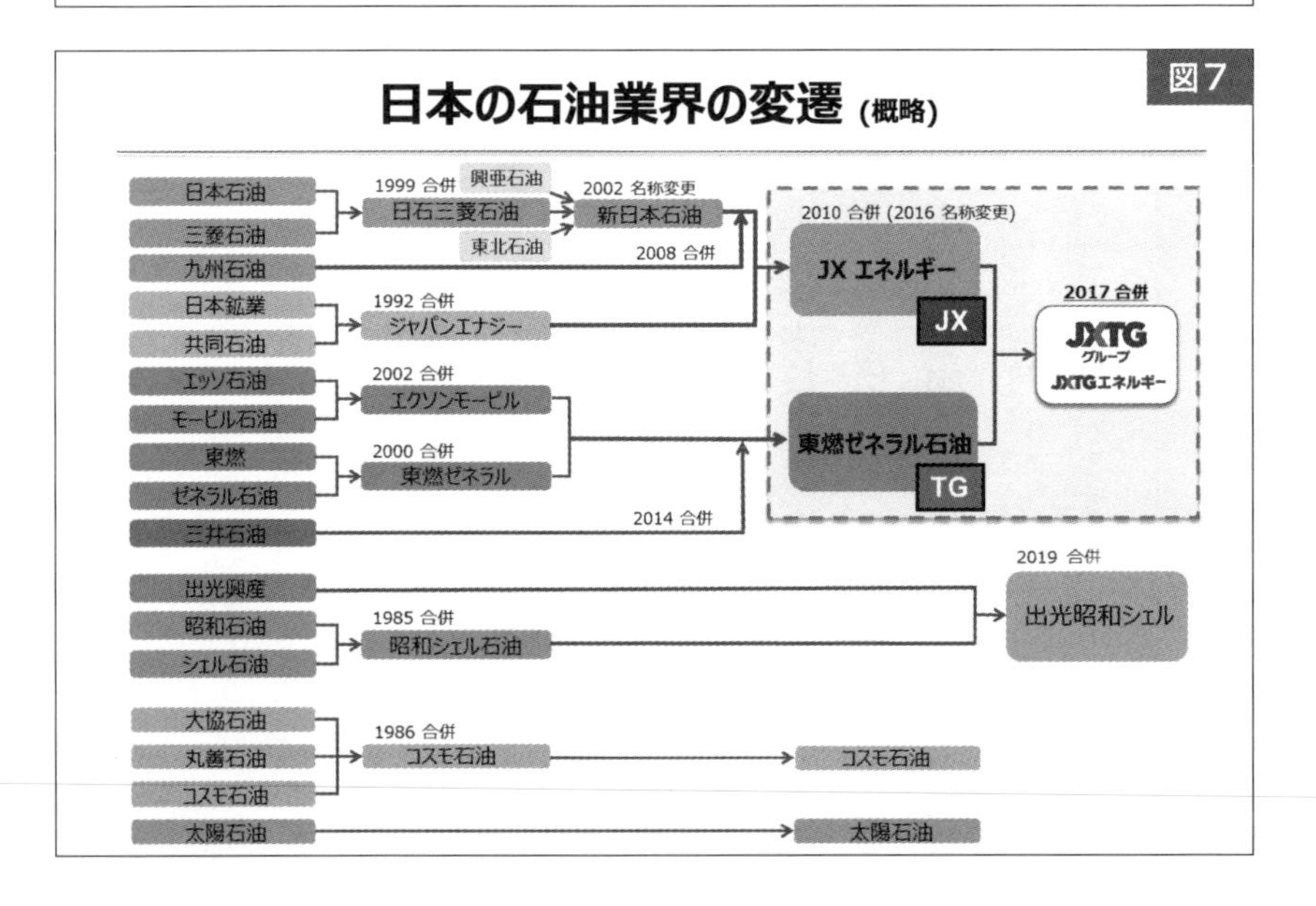

私どもは、まだまだ改善の余地や、やりたいことが山ほどあるというのが率直な思いです。

ここでは、中核事業三社の中でも規模の大きなＪＸＴＧエネルギー株式会社の事例を紹介しながら、健康経営のお話しをさせていただきます。ちなみに同社は、ＥＮＥＯＳのブランドでサービスステーションを展開しているエネルギー事業の会社です。私が入社した頃は、石油元売り・精製会社の数は二十以上ありました。**図7**の左側のとおりです。これが今は、再編・統合が進んで、実質は数社になっております。右上のボックスの中に私どもＪＸＴＧがあります。新しく生まれたＪＸＴＧを遡ると、十社以上の会社があり、それぞれに良いところをベストプラクティスとして集約して経営の変革を進めようというのが、経営統合の狙いの一つでもありました。健康経営についても、統合以前から重要な課題として捉えておりました。

3 企業にとって「健康」とは?

まずは一人ひとりの健康、結果として企業価値向上

さて、まず企業として健康をどのように捉えているのかという基本的なこと、なにゆえ健康経営なのか、そもそもについて考えてみたいと思います。**図8**にまとめてみました。

言うまでもなく、一人ひとりの健康はとても大切です。今も将来も、健康が担保されて初めて、安心して生き生きと働けるやりがいにあふれた職場・会社ができると確信しています。それは、次のステージである第二の人生に向けて健康な状態で従業員を送り出すことにもつながります。

健康経営は、一人ひとりの幸せはもとより、安心して生き生きと働けることから生産性の向上にもつながり、企業の活力、競争力の源泉にもなります。また、企業価値の向上にもつながります。健康経営のための出費は、労務費や福利厚生費などコストとして捉えるのではなく、生産性や企業価値の向上に向けた投資として考えるべきです。

健康経営は、「一人ひとりの健康 ↓ 生き生きとやりがいに満ちた充実した人生 ↓ 生産性と企業価値の向上」といったサイクルのもと、経営が健康への取組みをコミットすることから始まります。

健康経営の視点は、社会からも求められています。最近、話題となっている経営におけ

図8

Health　企業として 健康 をどう捉えるか？

一人ひとりの健康
– 活き活き働ける、やりがいにあふれる
– 充実した生活・人生、次のライフステージに健康で送り出す

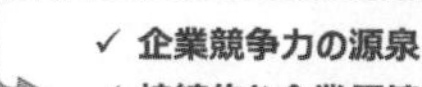

✓ 企業競争力の源泉
✓ 持続的な企業価値向上
✓ コストではなく投資

経営が健康への取組みをコミットする

ESG（環境・社会・統治）視点

✓「健康の指標」と「企業パフォーマンス」の関係を積極的に開示している企業も出てきている

例：SAP 社（図9）

健康経営がもたらす多くのベネフィット

健康

E　S　G

ESG: Environment, Society & Governance

るESG※視点の一環とも言えるでしょう。実際、健康に関する取組みやベネフィットを積極的に開示する企業も最近では増えています。そのような先進的な取組みをされている事例として、SAP社を紹介します。

先進的企業SAP社の事例

SAP社は、ドイツに本社を置く世界有数のソフトウェア会社です。先日、SAP社の方とお話しする機会があり、健康経営に関するお話は非常に印象的でした。SAP社の方に中央労働災害防止協会の講演で是非、紹介させていただきたいとお話ししたところご快諾をいただきました。**図9**はSAP社の資料で、「良い健康プログラム

※ESG：Environment, Society, Governance

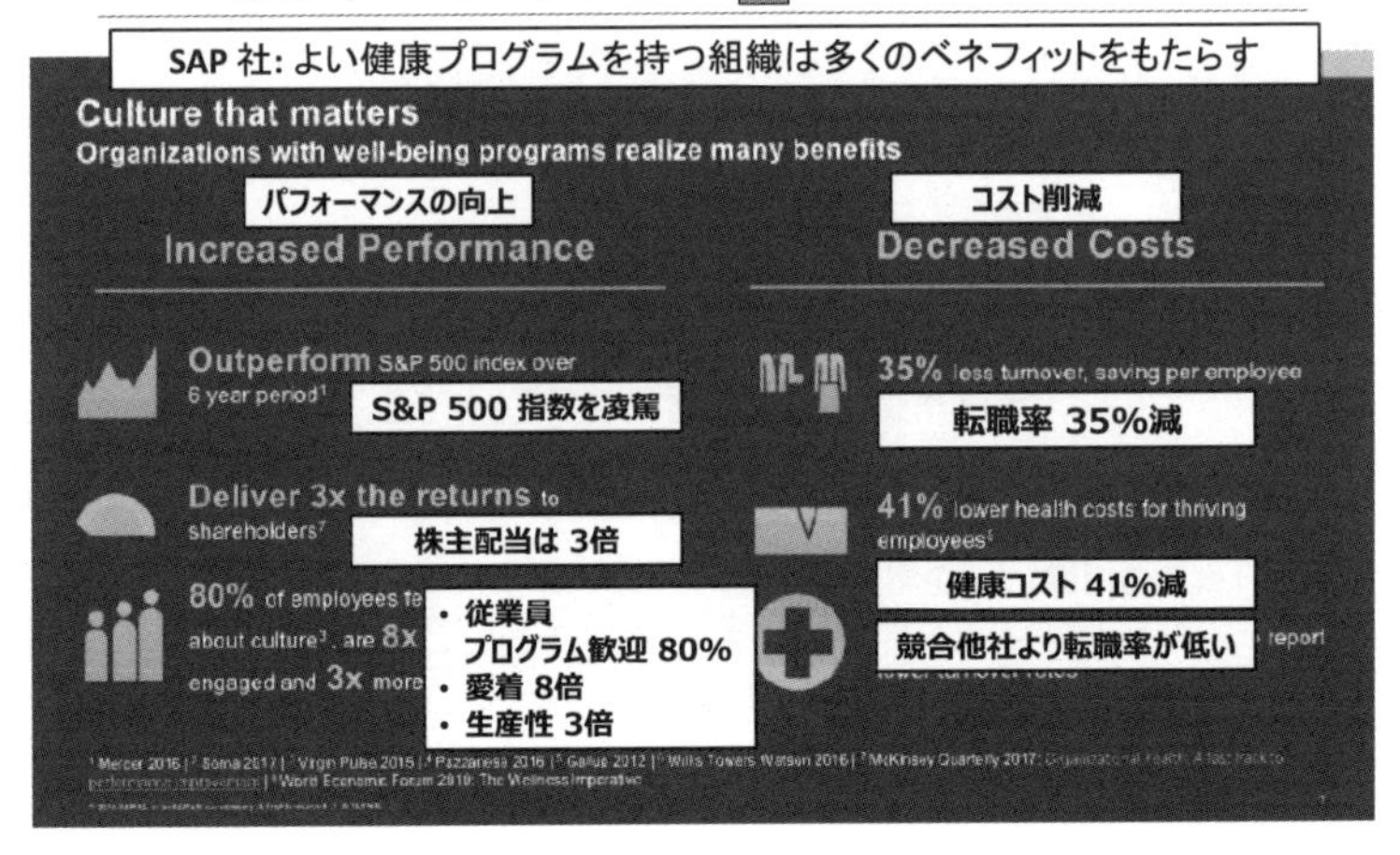

出所: SAP社 資料

を持つ組織は多くのベネフィットをもたらす」というタイトルのサマリーページです。健康経営の目的は、一人ひとりが生き生きとやりがいを感じて働き幸せな人生を送ること、それが結果として高い生産性となって、健康経営を進める企業もその恩恵に浴することができるということです。**図9**は健康経営が企業パフォーマンス、各種コスト等へ与えるインパクトを示しています。

図9を見ると、例えば左側には、健康経営に力を入れている企業群の株価指標が、米国のS&P500指数を大幅に凌駕していること、株主への配当がおよそ三倍になっていること、従業員の八〇%が健康経営を歓迎していること、従業員の会社に対する愛着は平均に比べて八倍になっていること、また、生産性が三倍になっていることなど

が挙げられています。右側のコスト面を見ても、例えば、健康コストが四一％低下、転職率が三五％低下したということが言われています。他社との比較においても、転職率が競合他社よりも低い、となっています。健康経営は、働く人のやりがい、幸せにつながるということで、当然会社への愛着が増し、転職・離職も減少し、生産性向上など企業価値の増大につながることが、このＳＡＰ社の分析チャートからお分かりいただけるかと思います。

4　安全・健康・環境

安全・健康・環境は企業活動の大前提

先ほど、健康経営の出発点は経営が健康への取組みをコミットすることだと述べました。当社グループでは、ホームページでも公開しておりますとおり、健康を理念・行動基準に落とし込んで経営のよりどころの一つにしています。当社グループの経営に対する考え方の全体像を**図10**に示しました。考え方の上位にある「理念」では、大切にしたい価値観として五つの価値観を挙げております。高い倫理観、お客様本位、挑戦、向上心、そして安全・健康・環境です。また、価値観を実践し具現化するために、十四の行動基準を設けており、その中で安全・健康・環境を企業活動の大前提として考えています。これらの行動基準のもとに、具体的な規定やルール、手順、要領を定め、安全、健康、環境の継続的な改善に取り組むことになります。ＪＸＴＧエネルギーの製造部門においては、「操業管理システム」（略称ＳＯＭＳ※）というものがあり、その構成はＩＳＯとほぼ同様です。ＳＯＭＳは、現場の労働衛生分野で、ＰＤＣＡを確実に回し、実効性の担保と継続的な改善の中心的な役割を担っています。

ＳＯＭＳについては、後ほどもう少し説明を加えます。企業活動の大前提である「安全・健康・環境」をワンセットとして考えていますが、その理由、背景についてお話しさせて

図10

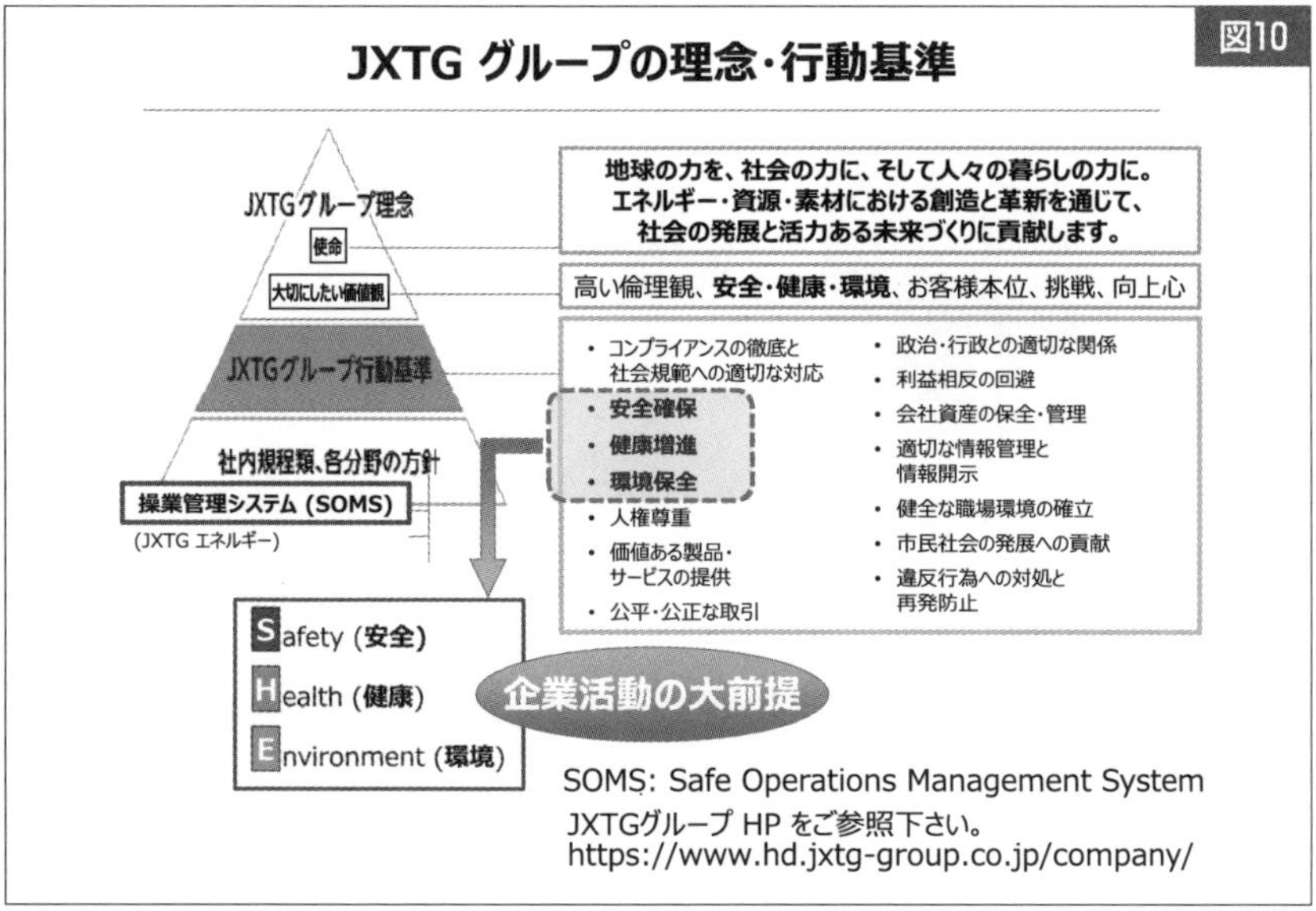

JXTG グループの理念・行動基準

JXTGグループ理念
使命
大切にしたい価値観
JXTGグループ行動基準
社内規程類、各分野の方針
操業管理システム（SOMS）
(JXTG エネルギー)

地球の力を、社会の力に、そして人々の暮らしの力に。
エネルギー・資源・素材における創造と革新を通じて、
社会の発展と活力ある未来づくりに貢献します。

高い倫理観、**安全・健康・環境**、お客様本位、挑戦、向上心

- コンプライアンスの徹底と社会規範への適切な対応
- **安全確保**
- **健康増進**
- **環境保全**
- 人権尊重
- 価値ある製品・サービスの提供
- 公平・公正な取引
- 政治・行政との適切な関係
- 利益相反の回避
- 会社資産の保全・管理
- 適切な情報管理と情報開示
- 健全な職場環境の確立
- 市民社会の発展への貢献
- 違反行為への対処と再発防止

Safety (安全)
Health (健康)
Environment (環境)

企業活動の大前提

SOMS: Safe Operations Management System
JXTGグループ HP をご参照下さい。
https://www.hd.jxtg-group.co.jp/company/

いただきます。

図11は、「安全・健康・環境」すなわち「S・H・E」を、それぞれの事故の特徴と事故防止の視点から捉えたものです。安全には、「パーソナルセーフティー」と「プロセスセーフティー」の二つがあります。**図11**の右上に示すような工事や作業の過程での安全、すなわち人が転落したり転倒したりというような事故がパーソナルセーフティーの事故です。どちらかというと、単独事故が多いかと思います。

一方、生産工程における設備や運転に関わる事故が、プロセスセーフティーの事故です。左上の写真は、二〇〇五年にアメリカのテキサスで起こった製油所の爆発・火災事

※SOMS：Safe Operations Management System

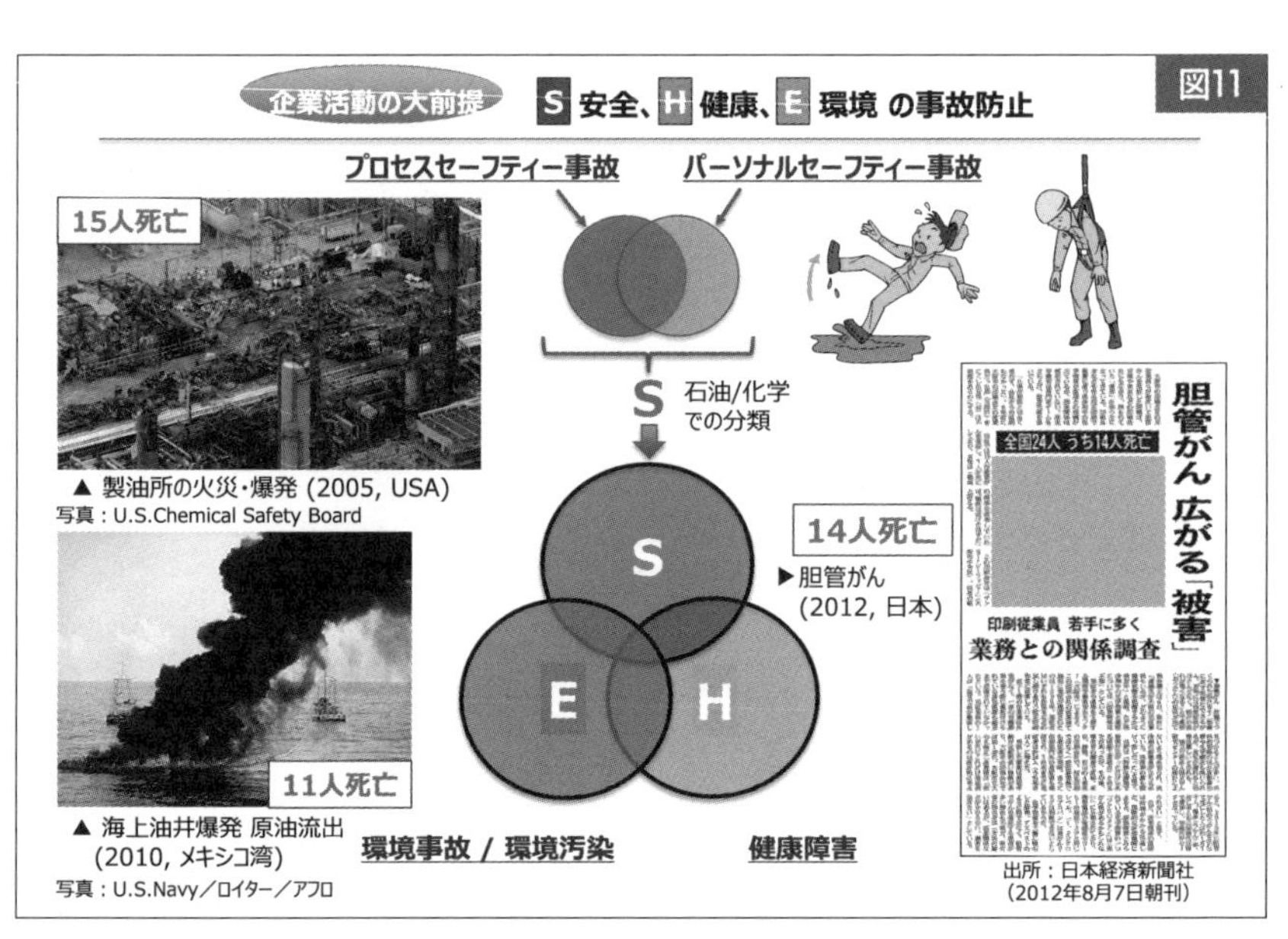

故のものです。この事故は、装置のスタートアップ途中でガソリン原料が漏洩し、ベーパークラウド（蒸気雲）が発生して爆発、火災に至りました。この事故で一八〇人が負傷し、十五人の方が亡くなりました。プロセスセーフティーの事故は、このように大規模な重大事故につながりやすいのです。また、左下は、二〇一〇年にメキシコ湾の海上油井で起きた原油流出事故の写真で、火災と大規模な環境事故につながりました。この環境事故は、油井の火災・爆発というプロセスセーフティー事故が発端となっており、十一名の死亡者とメキシコ湾の深刻な環境汚染という事態を招きました。石油・石油化学関連など装置産業においては、重大なプロセスセーフティー事故を未然防止することがいかに大切かということが分かります。

この右下には健康に関する事故があります。二〇一二年に判明した塩素系有機溶剤一・二-ジクロロプロパンのばく露による胆管がんの事例です。この溶剤を洗浄剤として大量に使用してきた印刷工場の従業員の多くが、胆管がんを発症しました。この化学物質は、アメリカでは、一九八〇年代に発がん性が指摘され、公表されていました。このような化学物質等による健康事故は、ほかにもオルト-トルイジンばく露による膀胱がんの発症や、古くはアスベストによる中皮腫なども挙げられます。

さて、「S・H・E」に関する事故の特徴を挙げてきましたが、事故防止、とりわけ重大事故撲滅のためには、系統だったリスクアセスメントが必須です。リスクアセスメントではさまざまなシナリオを考えて潜在的な事故のリスクを洗い出すことが必要で、「S・H・E」の全ての観点から網羅的にシナリオを考えないと、効果的で必要十分なリスクアセスメントはできません。「労働安全」は安全だけ、「労働衛生」は健康だけ、「環境」は環境だけというような縦割りの発想では、効果的なリスクアセスメントはできないということです。故に、世界の潮流として、石油・化学会社では、「S・H・E」を一つのセットとして考えているのです。

なお、「S・H・E」全般の考え方については、本ブックレットシリーズとして既刊の拙著「安全・健康・環境におけるトップの覚悟と役割――リスクベースで取り組む安全操業」を参照してください。

図12

S 安全と H 健康 の違い

機会

危機

短期　長期

H 健康

- 皆、大切だと思っている
- わかっていても止められない、続かない
- 理解すれど、納得、本気度が足らない

5 「健康」の特徴、「安全」の特徴

「安全」は短期、「健康」は長期

「S・H・E」をセットで考えるというお話しをしましたが、健康経営が本日のテーマですから、「安全」と比較しながら「健康」について、もう少し考えてみましょう。

「安全」と「健康」について、**図12**のようなマトリクスで考えてみました。横軸が時間軸で、長期と短期です。縦軸には危機と機会を置いた二×二のマトリクスです。このマトリクスで「安全」と「健康」をプロットすると、「安全」は短期の危機で領域1、「健康」は長期の危機で領域3ということになります。

「健康」について、「安全」と同様に大切だと、皆が思っています。しかし「安全」

のような差し迫った危機ではないことから、健康被害を防止する行動が取れなかったり、取っても形だけで、効果的でなかったりすることが多いのです。

もし、「たばこを一本吸ったら明日死ぬ」と言われたらどうでしょうか。それは短期の危機で「安全」の問題と認識され、たばこを吸う人はいなくなることでしょう。私は禁煙するのに三十五年かかりました。まさに長期の危機で、健康によくないことは知っておりました。それでも禁煙できない、禁煙しても長続きしない、なかなか本気で取り組まないというのが「健康」の特徴です。「健康」への影響はすぐには出ないこと、また影響が見えにくいからです。

入社して間もない頃、石油精製プラントの定期修理の現場業務に従事していたことがあります。いま告白しますけれども、保護具の防じんマスクをただ着けているだけ、という時期もありました。理由は、息苦しかったり、眼鏡が曇ったり、煩わしかったからで、効果的に身を守れるように着用していませんでした。社内ルールあるいは労働安全衛生法令で決まっているから着けている、ただ装着しているだけで、将来の健康障害から自分の身を守るという意識、本気度は薄かったと深く反省しています。

皆、健康は大切だと考えています。人間は差し迫った危機は避けようとしますが、すぐには顕在化しない、見えにくい長期的な健康影響は、リスクを低く見積もる傾向にあります。**図13**は、人間のリスク割引率のカーブです。人間は先々のリスクについては、楽観的

図13

見えにくいモノへの思考・行動様式 − H 健康 (イメージ)

皆、健康は大切と思っている。しかし、ヒト は…

長期的な健康影響はリスクを低く見積もる

✓ 正当化 (過去問題なかった、今日だけ、… 等)

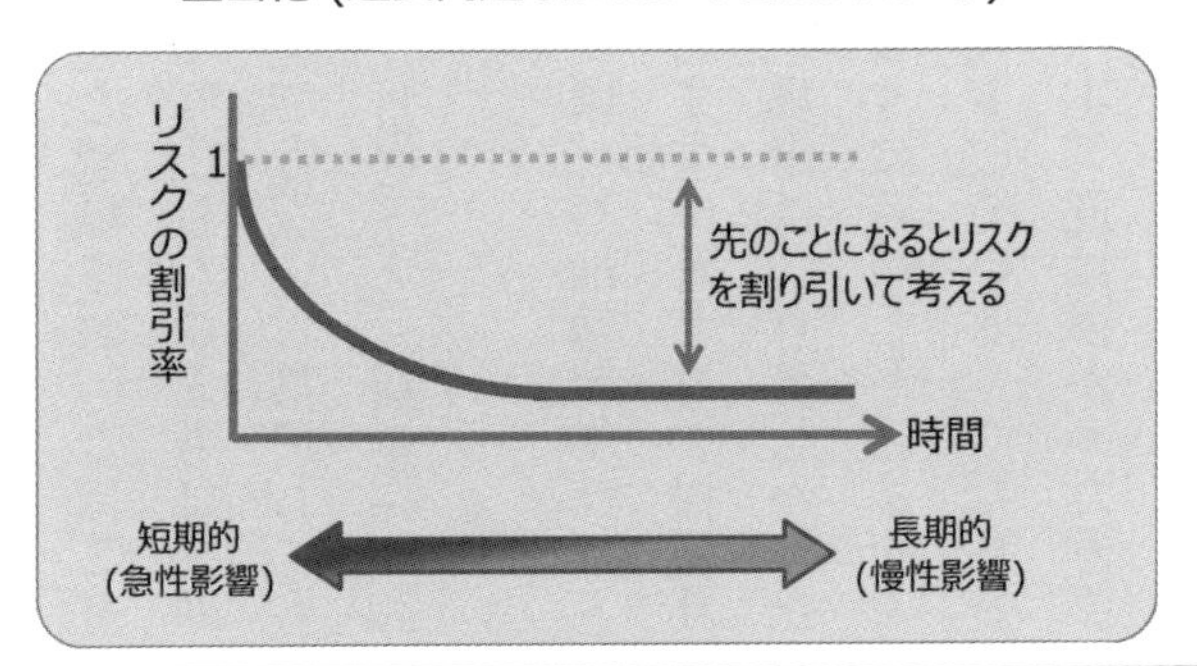

図14

事例 - 日本

労働衛生

2016年
さまざまな労働事故で
死亡した人数*
928名

S 安全

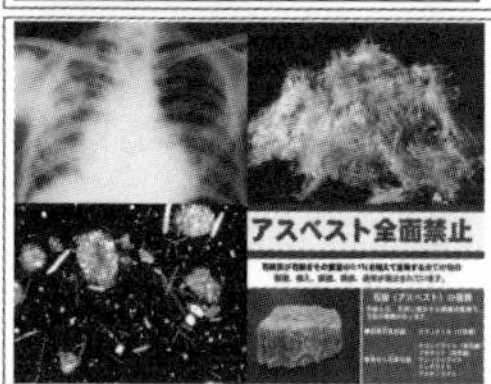

2016年
アスベスト吸入が原因で
中皮腫で死亡した人数
1,550名

H 健康

出典:
* 厚生労働省 労働災害発生状況 H27
** 厚生労働省 都道府県別にみた中皮腫による死亡数の年次推移（平成７年〜28年）
写真『職業病図譜』『石綿の基礎知識』厚生労働省資料

にかなり割り引いて考えてしまう傾向があります。また屁理屈をこねて、それを正当化しようとすることもあります。例えば「たばこを吸っても長生きする人はいる」「吸わない人でもがんになる」「精神衛生上、ストレス解消でたばこは好ましい」などなど、いろいろあります。お酒を呑んだ後、「シメの××」なんていう誘惑もありますね。お心当たりのある方もいらっしゃるかもしれません。

健康被害は深く静かに進む

事例を紹介します（図14）。近年、労働災害でどのくらいの方が亡くなっているか、皆さんご存知ですね。さまざまな取組みによって、以前に比べるとだいぶ減少してきました。それでも二〇一六年の統計では、九二八人と、千人近い方が亡くなられています。ゼロを目指して努力を続けていく必要があることは、言うまでもありません。一方、アスベストによる中皮腫で亡くなられた方は、二〇一六年に一五五〇人に上りました。数十年前に吸引したアスベストによる健康障害で、労災の約一・五倍もの方が今も亡くなられているのです。

「安全」に関わる事故は目に見えるために、皆が注目します。また、再発防止の取組みにも力を入れやすいというお話しをいたしました。一方、「健康」に関わる事故、あるいは健康障害は、このアスベストの例のように目に見えにくく、深く静かに進行しています。このような大きな規模にもかかわらず、注目されにくいのです。ですから経営者あるいは関係者は、「安全」と同様に、健康障害の未然防止にしっかりと取り組まなければなりません。健康障害は、すぐには顕在化しません。効果的なリスクアセスメントを通して、潜在的なリスクを洗い出して、先のことだと過小評価することなく、『いま』健康障害の未然防止の対策を講ずる必要があることが、お分かりいただけると思います。

知らぬと仏…（図15）

「知らぬが仏」という諺（ことわざ）があります。これは「知れば悩んだりするような事柄でも、知らなければ平静な心持ちでいられる。知らない方がよい」といった意味です。「安全」や「健康」の世界では、「知らぬが仏」ではなくて「知らぬと仏」です。トヨタ自動車で長年安全

図15

労働衛生

事例 - 日本 (続き)

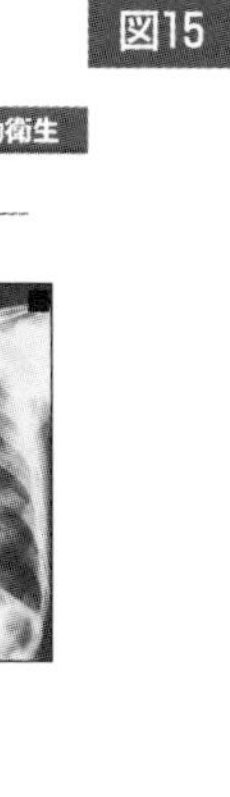

知らぬ と 仏

- ✓ 吸入したその場では、「痛い・苦しい」は無いかもしれない
  しかし、蓄積したものは思わぬ毒性が…
- ✓ 2016年6月: **化学物質のリスクアセスメント義務化** (厚生労働省)
- ✓ **法規制が追い付いていない危険物質もある**
  ⇒ 毒性が確認されているものは吸入しない

活動に携わられた鈴木忠男さんの著書※に出てくる言葉です。「危険は何か」「危険源は何か」を知らないと命を落とす、という意味です。まったく同感です。

「安全」や「健康」の出発点は、「ハザード」すなわち「危険源」を知る、認識するところにあります。健康障害の危険源として、化学物質の有害性について言えば、欧米では早い段階で有害性や管理基準が公表され、使用制限や利用禁止の措置が取られます。

一方、日本では、アスベストの場合もそうですが、後手に回るケースが多いように感じています。実際に被害が出て、法規制

※鈴木忠男著『トヨタ生産方式と安全管理―初めて明かされる安全管理活動の真髄』労働調査会、二〇〇七年

が行われないと、現場で対応がなされないように見受けられます。

日本でも、二〇一六年に化学物質のリスクアセスメントが義務付けられました。まだ、運用面、実効性の面で課題があるとは思いますが、規制による管理に加えて、リスクアセスメントなどリスクベース管理が本格的に始まりました。これは良いことだと思います。現在は規制がかかっていない化学物質があったとしても、それは安全ということではなくて、（安全かどうか）分かっていないということです。そういう意味で、化学物質に関わる情報、特に有害性情報については、アンテナを高くして情報収集を図る必要があります。

例えば、製品評価技術基盤機構（ＮＩＴＥ）のサイト（https://www.nite.go.jp/index.html）などには、海外情報を含めて最新情報が数多く掲載されているので、化学物質の有害性情報の収集には適していると思います。

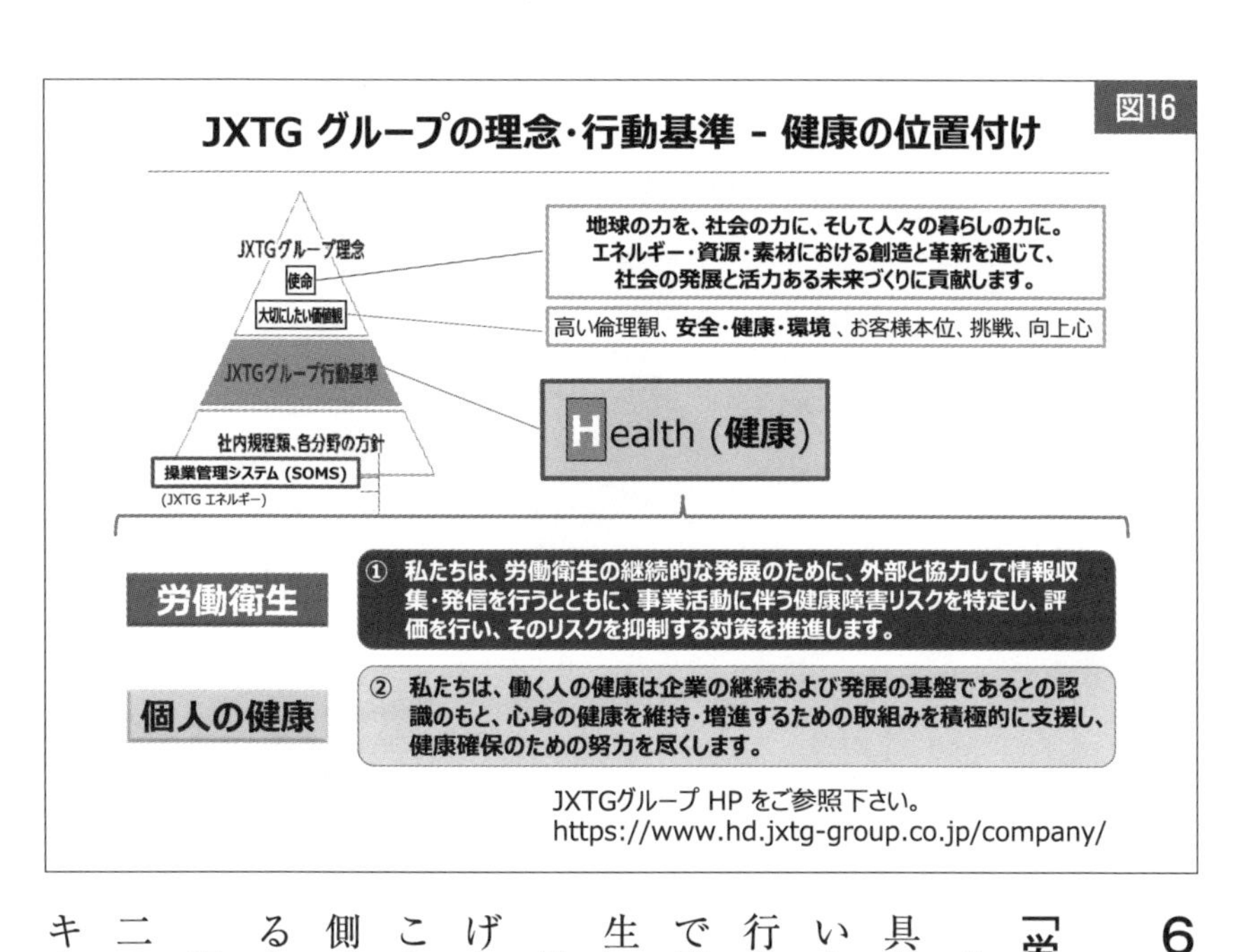

6 「健康」の二つの側面

「労働衛生」と「個人の健康」

前述したように当社グループの価値観を具現化するために十四の行動基準を設けています。そのうちの一つ、「健康」に関する行動基準では、私たちは健康を二つの視点で捉えています（図16）。すなわち「労働衛生」と「個人の健康」の二つです。

最近、健康経営がマスコミ等でも取り上げられ、脚光を浴びていることは喜ばしいことですが、その多くが「個人の健康」の側、生活習慣の改善等の方にやや偏っているように感じます。

現在の仕事の退職後、余生ではなく、第二の人生の中で生き生きと健康にＱＯＬをキープすることは、充実した人生という観

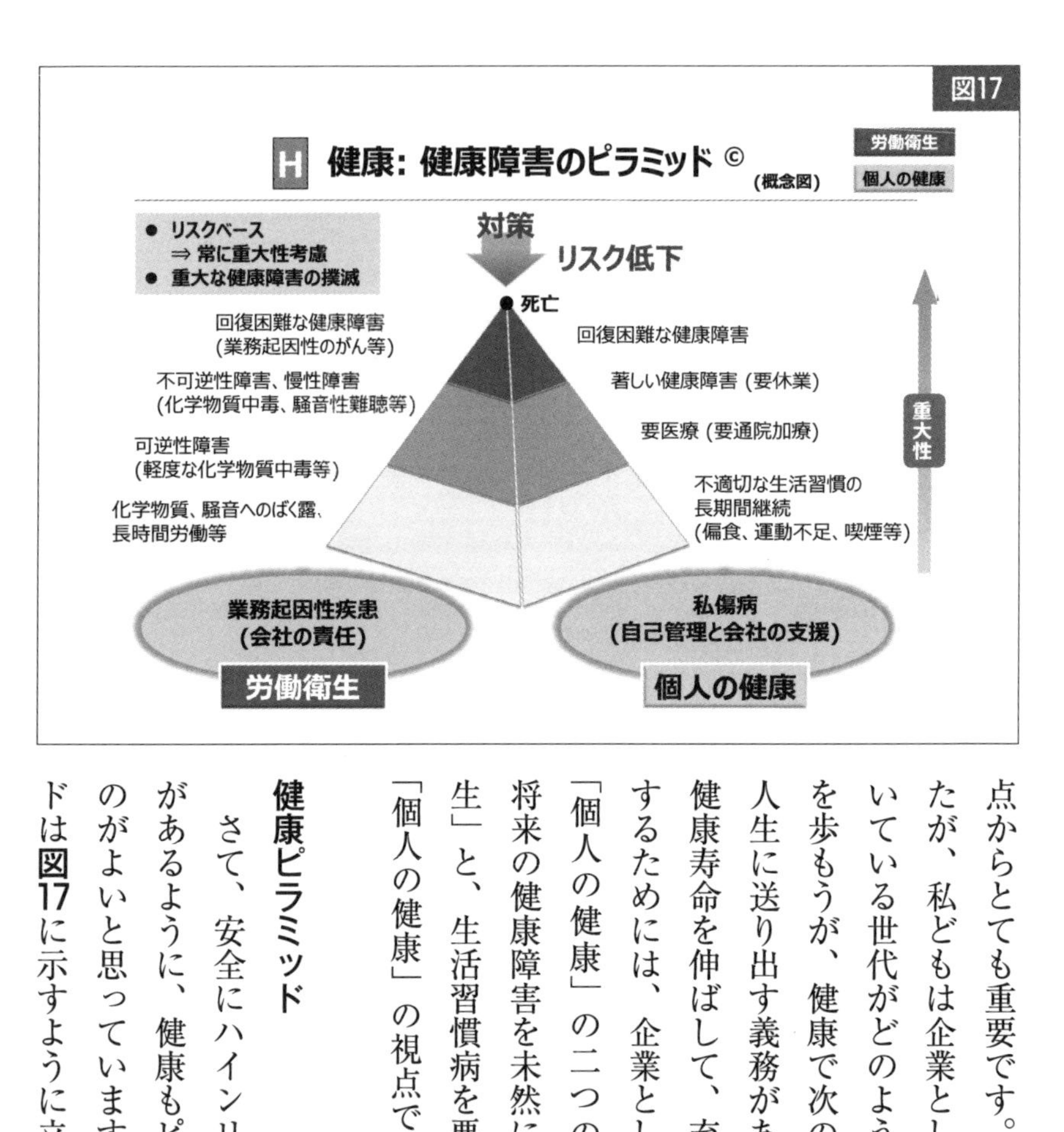

点からとても重要です。先に申し上げましたが、私どもは企業として、いま現在、働いている世代がどのようなマルチステージを歩もうが、健康で次のステージ、第二の人生に送り出す義務があると思っています。健康寿命を伸ばして、充実した人生を実現するためには、企業として「労働衛生」と「個人の健康」の二つの視点が必要です。将来の健康障害を未然に防止する「労働衛生」と、生活習慣病を悪化させないような「個人の健康」の視点です。

健康ピラミッド

さて、安全にハインリッヒのピラミッドがあるように、健康もピラミッドで考えるのがよいと思っています。健康のピラミッドは図17に示すように立体的で、二つの面を持っています。左側の「労働衛生」の面と、もう一方の「個人の健康」の面です。いずれも想定される重大性・重篤性が高い現象ほど、ピラミッドの頂点に向かって上がっていきます。

「労働衛生」とは業務起因性の疾患を防止することで、法令で定められている会社の義務・責任です。一方、「個人の健康」は、私傷病の防止です。これは、個人の自己管理が基本で、会社が支援するということになります。生活習慣病や、例えばインフルエンザなど、業務に起因しない傷病です。

前述のように、私どもは「S・H・E」への取組みとして、リスクの洗い出し、そしてその対応をリスクベースで考えており、「健康」も例外ではありません。「健康」で言えば、究極的には全ての健康障害を撲滅することがゴールとなりますが、とりわけ重大な健康障害は絶対に防がなくてはなりません。リスクを洗い出して、限られた経営資源を効果的・効率的にリスクの高い事案に導入し、対策を講ずることが重要です。リスクを洗い出し、リスクアセスメントを行って、ピラミッドの底辺でリスクが顕在化する前に対応するということです。健康被害、健康障害の芽を被害が出る前にピラミッドの底辺で摘んでしまうことが大切です。リスクベースの考え方は、後ほど説明します。

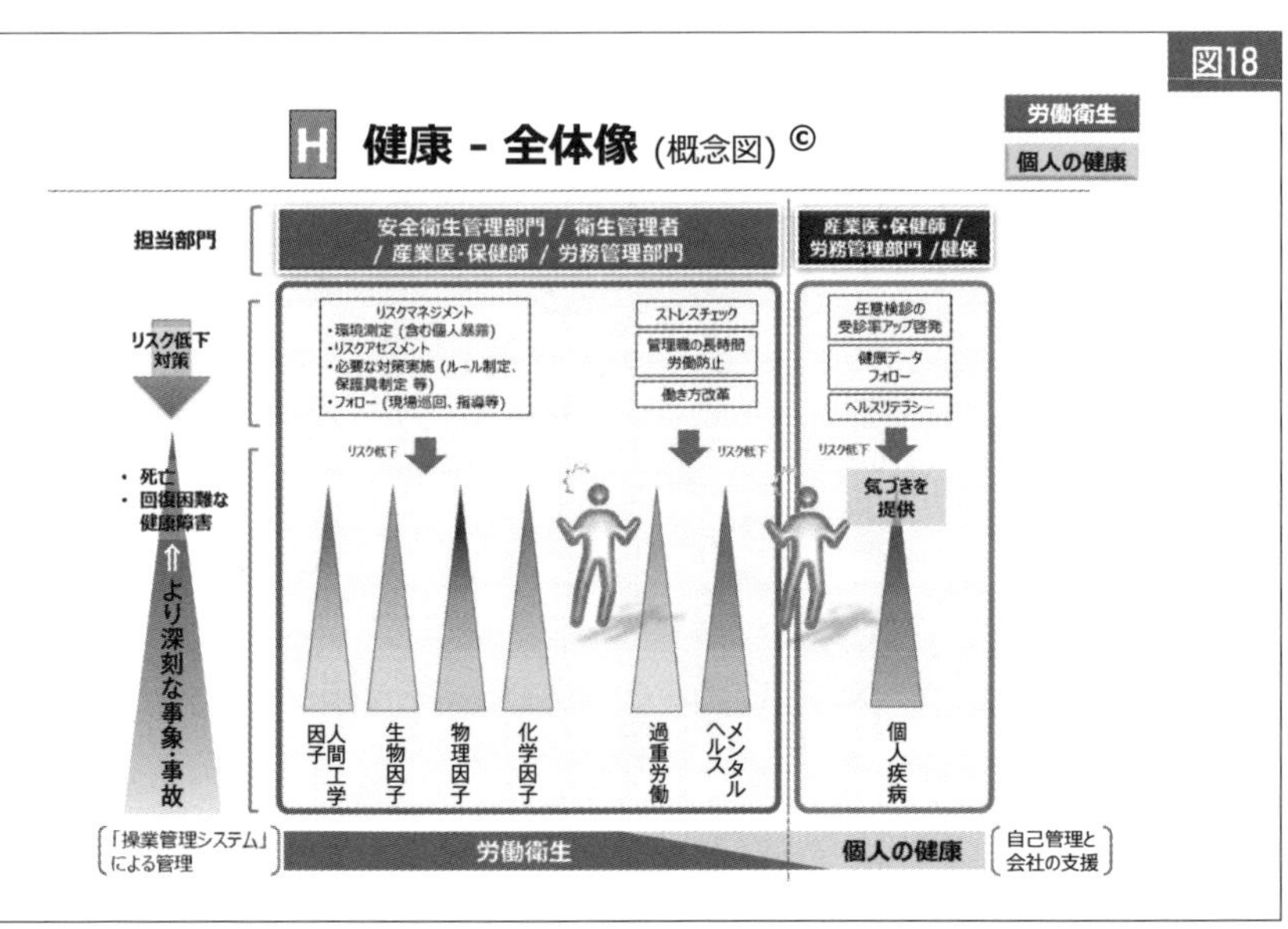

全体像を理解する

先ほどの健康ピラミッドを展開したのが**図18**です。労働衛生のピラミッドには「化学因子」「物理因子」「生物因子」「人間工学因子」の四つの因子があります。先ほどの化学物質の管理もここに含まれています。これらの因子については、後でもう少し詳しく説明します。また、労働衛生には、「過重労働」防止や「メンタルヘルス」もあります。そして右側には「個人の健康」に関わる領域があります。「労働衛生」と「個人の健康」がオーバーラップしている部分もあります。例えば「メンタルヘルス」です。家庭環境も職場環境も両方とも、メンタルヘルスに影響を与えるからです。そのほかでは「難聴」などもそうです。職場での騒音起因の場合のほか、生活の中での大音量の音楽や娯楽などの騒音起因の場合もあり、オーバーラップしています。健康経営を効果的に進め、成果を上げるための出発点としては、このような「健康」に関わる全体像を理解することが必要です。

二つとも大切

健康経営の二つの側面、「労働衛生」と「個人の健康」には、多くの関係者、専門家が関わってきます。ラインのマネジャーのほかに、安全衛生管理部門、衛生管理者、産業医、保健師、労務管理部門、健康保険組合などです。まず、会社（マネジメント）は、それぞれの役割の理解、適正な配置等によってそれらの機能が適切に発揮される環境を整える必要があります。例えば、「産業医」は、予防医学分野の専門家であり、臨床医のように診断、治療をするのではなく、就労者の健康障害の予防、心身の健康の維持増進が役割です。また、関係者は、ゴールや思いを共有して一致協力して協働しなければ、目指している健康経営は実現しません。それを束ねるのがマネジメントであり、リーダーの役割です。関係者全員が「健康」の全体像、それぞれの特性をしっかり把握し、共有して、全体の進むべき方向のベクトル合わせを行うことが、極めて重要です。

健康経営を進めていくためには、生活習慣病の予防や健康増進に代表されるような「個人の健康」だけではなく、「労働衛生」もあわせて、この二つの視点で取り組む必要があり

H 健康 – 取組みのポイント ©

労働衛生
個人の健康

健康経営 - 両方大切

労働衛生　個人の健康

操業管理システム
(SOMS)

各種健康
プログラム

SOMS: Safe Operations Management System

ます。両方大切です。「労働衛生」は製造業に限った話ではなく、製造の現場がなくても職場全体を考える必要があります。また、安全衛生法令の遵守は会社の義務で、やって当たり前のように思われがちですが、成果や結果は効果的な取組みの如何（いかん）によって異なってきます。健康経営の全体像——両方大切——をシンプルに記した**図19**で強調しておきます。また、この図に示した当社の両方に対するそれぞれのアプローチ・取組み（操業管理システム［SOMS］、各種健康プログラム）については次項以降で説明します。

7　ＪＸＴＧエネルギー社の取組み―全体および労働衛生

健康経営度評価からスタート

それでは、私どもの健康経営の取組みのアプローチについて説明します。私どもの健康経営は、まず、自分たちの健康の取組み、現在の健康経営の水準あるいは網羅性を把握するために経済産業省の健康経営度調査項目を利用したベンチマークから始めました。

健康経営度調査モデルは**図20**の左側に示すように、経営理念・方針、組織体制など五つの要素で構成され、それぞれに評価項目があって、合計約七十項目で行います。右側の2とか3とかいった数字は、それぞれの要素の重み付けです。点線の丸印で囲んだように、構成要素⑤の「法令遵守・リスクマネジメント」の重み付けはありません。法令違反があった場合は、企業側は自己申告することになっています。

要は、法令違反は無くて当たり前、リスクマネジメントはやって当たり前ということでしょうが、私にはちょっと違和感があります。構成要素⑤の「法令遵守・リスクマネジメント」は実効性、すなわち現場の第一線でいかに遵守され、いかに実践されているかが非常に重要だからです。やって当たり前ではありません。保護具を例にとると、法律に基づいて装着するではなくて、保護具として機能するように装着することが大切です。

この健康経営度評価も始まってから六年経ち、改正や仕組みの有無の評価に加えて、今

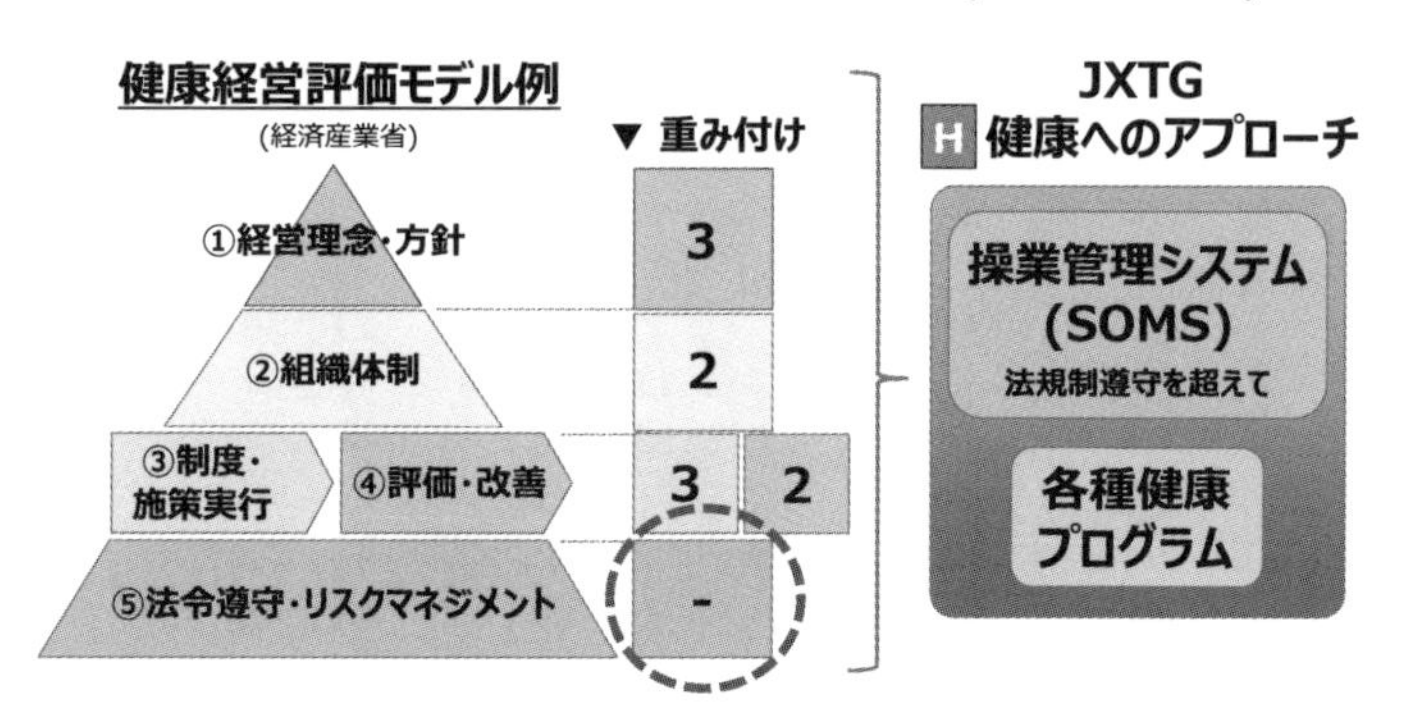

後は実効性も評価していくと聞いています。これはよい方向で、実効性を評価することで、本当の健康経営度を計ることができると期待しています。

ベンチマークの結果、当社の二つの取組み「操業管理システム（SOMS）」と「各種健康プログラム」は、健康経営度調査の全ての項目を含んでいました。操業管理システム（SOMS）は、「健康」に限ることなく、「安全」「健康」「環境」全般の法令遵守はもちろんのこと、法律の規制を超えたリスクの発掘、リスクベースでのリスク低減対策、リスクマネジメントのPDCAサイクルを持っており、継続的改善を行う不可欠なツールだと考えています。SOMSは、製造部門の労働衛生の取組みのベースとなっています。

一方、「個人の健康」は自己管理をベースとして、会社は個人へのサポート、気付きを提供することになります。すなわち、各種健康プログラムに基づくアプローチです。個人の嗜好、健康の考え方などプライバシーがありますので、会社が強制することはできない領域と考えています。

操業管理システム「SOMS」

ここで、操業管理システムについて紹介します。ここでいうシステムとは、コンピュータシステムといった意味ではなく、ＩＳＯのマネジメントシステムのような手順や仕組みのことです。欧米では、一九八〇年代後半から「Ｓ・Ｈ・Ｅ」の高いパフォーマンスを得るための体系的な仕組み、手順などを持つ操業管理システムの導入に取り組んできました。当社では、ＳＯＭＳと呼んでおり、**図21**に全体像を示します。その構成は、ＩＳＯのような国際標準に準拠した仕組みで、Ｓ・Ｈ・Ｅに対する経営のコミットメント、リーダーシップを推進力として、操業の管理、設備の管理、人材の育成・管理、教育管理など九つの分野で、ＰＤＣＡを回しながら継続的改善を図る仕組みです。効果的なＫＰＩ※（重要業績評価指標）の設定や、ＰＤＣＡの監査プロセスなども含まれています。要は、実効性の追求

※ＫＰＩ：Key Performance Indicator（重要業績評価指標）

操業管理システム (JXTG例 - SOMS)©

ポイント
- 国際標準準拠、リスクベース
- PDCA サイクル – 継続的改善の仕組み (監査、KPI 等)
- 徹底的な実効性追求

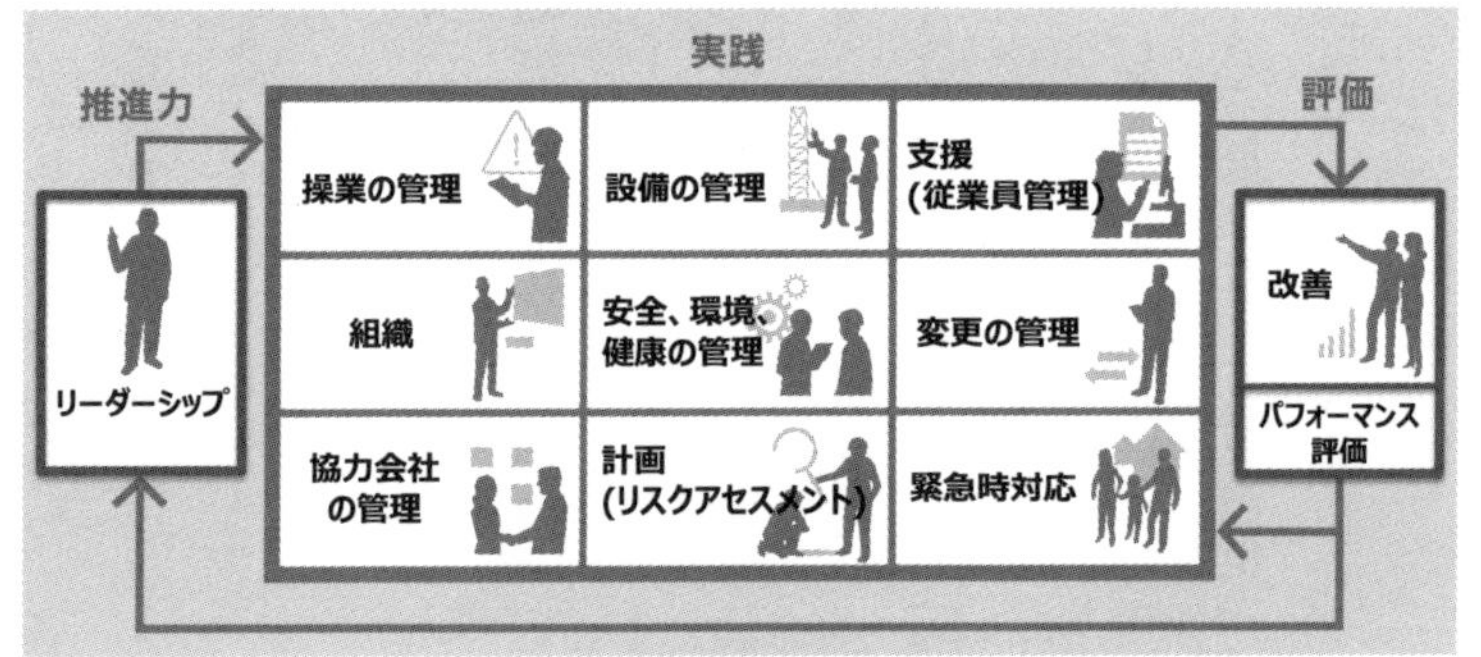

SOMS: Safe Operations Management System
PDCA: Plan – Do – Check – Action
KPI: Key Performance Indicator

に重きを置いているということです。

先ほど、欧米では一九八〇年代からこのようなシステムが導入されているとお話ししましたが、それ以降もいろいろな教訓を踏まえて年々進化してきております。日本でも、皆さんご存知のように、こういった仕組み、システムの導入が進みつつあると感じています。体系的で網羅性があって、属人的ではなくて――要するに人が変わっても抜けがなく、高い「S・H・E」のパフォーマンスを維持・改善することができます。健康、産業保健についてのシステマティックな取組みについては、森 晃爾先生編著「産業保健スタッフのためのISO45001―マネジメントシステムで進める産業保健活動―」（二〇一九年、中央労働災害防止協会）が非常に参考になると思います。

当社のシステム（ＳＯＭＳ）について、もう少し具体的に説明します。まずシステムの導入の目的、ゴールは何かといいますと、「Ｓ・Ｈ・Ｅ」に関わる事故や健康障害を未然に防止することです。出発点として「Ｓ・Ｈ・Ｅ」の潜在的リスクを全て洗い出し、リスクアセスメントを行います。図21中央下の「リスクアセスメント」のボックスです。発見されたリスクを許容できるレベルまで低減するアクションを取る、例えば設備の改善をする、手順を改善する、組織の改善をする、教育をする等々です。それを確実に継続的に進めるために、それぞれのボックスについて、ＰＤＣＡのあり方などいろいろなことが規定されています。リスクの洗い出しと対応、すなわちリスクマネジメントがこの仕組みの中枢部分です。

リスクアセスメント

次に、リスクの抽出と評価について説明します。「Ｓ・Ｈ・Ｅ」全般に関わるリスクをいかに漏れなく発見するかという視点で、現在、主に八種類のリスクアセスメントを用意しており、健康関係も含んでいます（図22）。それぞれに手順、評価方法等が規定されています。ポイントの一つは、科学的、体系的で、網羅性があることで、いずれもタイムリーかつ継続的に取り組むことが必要です。

図22

リスクの芽を発見し、是正する – 健康

労働衛生

ポイント

☑ **科学的/体系的/継続的**
取組み
- タイムリー/定期的/計画的
- PDCA サイクル

☑ **専門家育成** H 健康
IH: Industrial Hygienist
インダストリアル・ハイジニスト

リスクアセスメントの種類
- 重大事故 / 高い影響度シナリオ
- HAZOP/ 非定常 HAZOP
- 安全弁とフレアー設備
- 防消火設備
- 爆風圧による建物安全性
- **健康関係 (ばく露リスク評価 等)**
- 環境関係
- 変更の管理, 日常作業 等

PDCA: Plan – Do – Check – Action
HAZOP: Hazard and Operability Study

もう一つのポイントは、リスクを見つけ出し、リスクを評価できる専門家が必要だということです。先ほど「知らぬが仏」と「知らぬと仏」の違いの話をしましたが、危険源や危険を認識し洗い出すにも「S・H・E」のそれぞれの専門家が必要ですし、見つけたリスクを評価し、査定し、許容できるレベルまで低減させることが必要です。そのためにも専門家が欠かせません。次に健康関係の専門家のことを説明します。

インダストリアル・ハイジニストが必要

「健康」に関するリスクアセスメントとして、例えば化学物質等のばく露リスク評価があります。この専門家が、「インダストリアル・ハイジニスト」（ＩＨ）という職種です。最近、日本でもインダストリア

ル・ハイジニストという言葉が使われるようになってきましたが、まだまだ認知度は低いですし、資格者の絶対数も不足しています。

化学物質の種類や、さらされるばく露の程度、頻度や濃度によっては、胆管がんや膀胱がんなど、取り返しのつかない健康障害をもたらします。そのほかにも、健康な生活、健康寿命に影響を与える因子は、実にたくさんあります。それらによる健康障害を未然に防止するためには、まずリスクを把握する必要があります。先ほども述べたように、人は「健康」のリスクを過小評価する傾向にあるので、リスクを適切に評価するためには、科学的、体系的、そして継続的なアプローチを行うことが重要です。そのためにもＩＨと呼ばれる専門職がリスクアセスメントを行い、リスクの管理に関わることがとても大切です。

ＩＨについて、もう少し説明を加えます（図23）。ＩＨは職場において、健康被害をもたらしうる潜在的なハザード、危険源、有害因子を予測、認識し、評価やコントロール、対策を含めた管理をするための専門職です。当社には、米国のＩＨ資格者、また国内のＩＨ資格者など、ＩＨの専門家がいます。今、彼らが中心となって、各製油所などの現場にＩＨの専門家を配置すべく、ＯＪＴ、Ｏｆｆ‐ＪＴなどの教育で専門家の育成を行っている最中です。

国の内外でＩＨの状況を見ますと、日本の場合は質・量ともにまだまだ不足しています。例えば米国では、およそ二万名のＩＨが活躍しています。その中で、約七千名の方は認定

図23

労働衛生

H 健康 – 技術専門職の役割

- **IH (Industrial Hygienist): インダストリアル・ハイジニスト**

労働環境において、働く人に「健康の阻害、職業性疾病等」をもたらしうる
有害因子 や ストレスを、予測、認識、評価、管理できる専門職

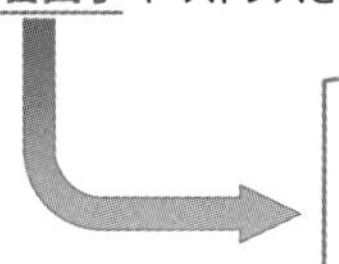

- ✓ **化学因子** (化学物質など)
- ✓ **物理因子** (騒音、暑熱、振動、放射線など)
- ✓ **生物因子** (細菌、カビなど)
- ✓ **人間工学因子** (重量物作業など)

- **組織**
  - ✓ 統括: 本社 環境安全部 **産業衛生G**
  - ✓ フィールド活動: **各製油所への IH 配置** (進行中)

資格を持っています。

一方、日本では、規定を粛々と守るという規制主義であるため、ＩＨのような技術専門家よりも、確実に規制事項を実行する管理者が求められてきたと感じています。しかし、国内でも専門家に対するニーズが高まりつつあり、二〇一六年の化学物質のリスクアセスメント義務化の際に、厚生労働省の指針の中に、ＩＨという職種が明記されました。日本でも認定オキュペイショナル・ハイジニストの資格が創設され、いま日本には約四十名の有資格者がいますが、化学物質のリスクアセスメントを行うためにはまだまだ不足しています。

リスクアセスメントの方法

ここで化学物質のばく露に関わるリスクア

ばく露の強さ					
強	A	1	1	1	1
↑	B	3	3	2	2
↓	C	4	3	3	3
弱	D	4	4	4	4
		Ⅳ	Ⅲ	Ⅱ	Ⅰ
		小 ← 健康影響度 → 大			

セスメントについて、当社が行っている方法を紹介します。化学物質の有害性評価は、厚生労働省の指針にも書かれていますが、その物質の有害性と、ばく露の程度、ばく露の強さによって評価することが基本になります。

　それを分かりやすくマトリクス化したのが**図24**です。マトリクスの横軸には有害性の程度を四段階で示しており、右へいくほど有害性が高くなっています。化学物質ごとに、発がん性や、特定の臓器に対する毒性など、国連の有害性分類を使って有害性の程度を評価しています。例えば、アスベストのような発がん性物質は影響度が「Ⅰ」になります。縦軸は、ばく露の程度ですが、化学物質ごとに定められているばく露限界値に対する作業者の実際のばく露濃度の比率を示しています。当社では四つの区分に分けて使っています。

図25

労働衛生

H 健康 関係のリスクベース

例) 化学物質のばく露に関するリスクマトリクス©

ばく露の強さ（強↑↓弱）		Ⅳ	Ⅲ	Ⅱ	Ⅰ
強	A	1	1	1	1
	B	3	3	②	2
	C	4		3	3
弱	D	4	4	4	4
		小 ⇦ 健康影響度 ⇨ 大			

例:

○ からのリスク低減対策

ばく露の強さの低減
⇒ 保護具、設備改造

あるいは

健康影響度の低減
⇒ 低有害物質への変更

化学物質の影響度／ばく露濃度の判定から許容できないリスクが洗い出された場合には、例えば影響度を低下させるような代替品に変更するか、ばく露濃度を低下させるような設備なり手順なりの変更を行うか、あるいは保護具を使います。

一例を示します（**図25**）。ある化学物質のばく露濃度測定を行った結果、リスクが**図25**の○印で囲んだ位置になったとします。有害性の高い物質であり、かつ、ばく露の程度がばく露限界値に近いため、リスクレベルは「2」となります。当社では許容しないレベルです。したがって、対策を施して許容できるレベル「4」に低減できる方法を考えます。

一つは、より有害性の低い物質に変更すること。これによってリスクマトリクス上のプロットは左方向に移動します。また、一般的に有害性の低い物質は、ばく露限界値も大きいので、下方向へも移動します。結果として、リスクは左下に移動します。他にも、物質の変更ではなく、密閉化対策や換気、呼吸用保護具の使用でばく露を低減することもできます。その対策の有効性に応じて、矢印は下に移動します。先ほどとは異なり、物質は変更されないので健康影響度は変わりませんが、ばく露濃度が小さくなるため、縦軸の下方向に移動します。

このように、ばく露濃度測定を行って過剰ばく露がある場合に、許容できる濃度まで下げるためにどのような低減策を行えばよいか、定量的な判断・評価が可能になるので、対策も合理的に進めることができます。また、マトリクスで見える化するので、作業者にも分かりやすく、納得感を持ってばく露防止対策を進めることができます。職場のばく露対策は、ＩＨのような専門知識を持った人が行うことが必要です。これはハードルが高いと感じられるかもしれません。特に人手が足りない中小企業ではそう感じることでしょう。ただ、保守的に簡便法を使って、必要以上のコストをかけてリスク対策をするよりは、合理的で効果的で、納得感のある対策ができるのも事実です。いろいろな進め方の工夫をして、導入に向けて検討していただければと願っています。

リスク低減対策の流れ

次に、リスクアセスメントの流れについて、目的や実効性を意識しながら説明します。

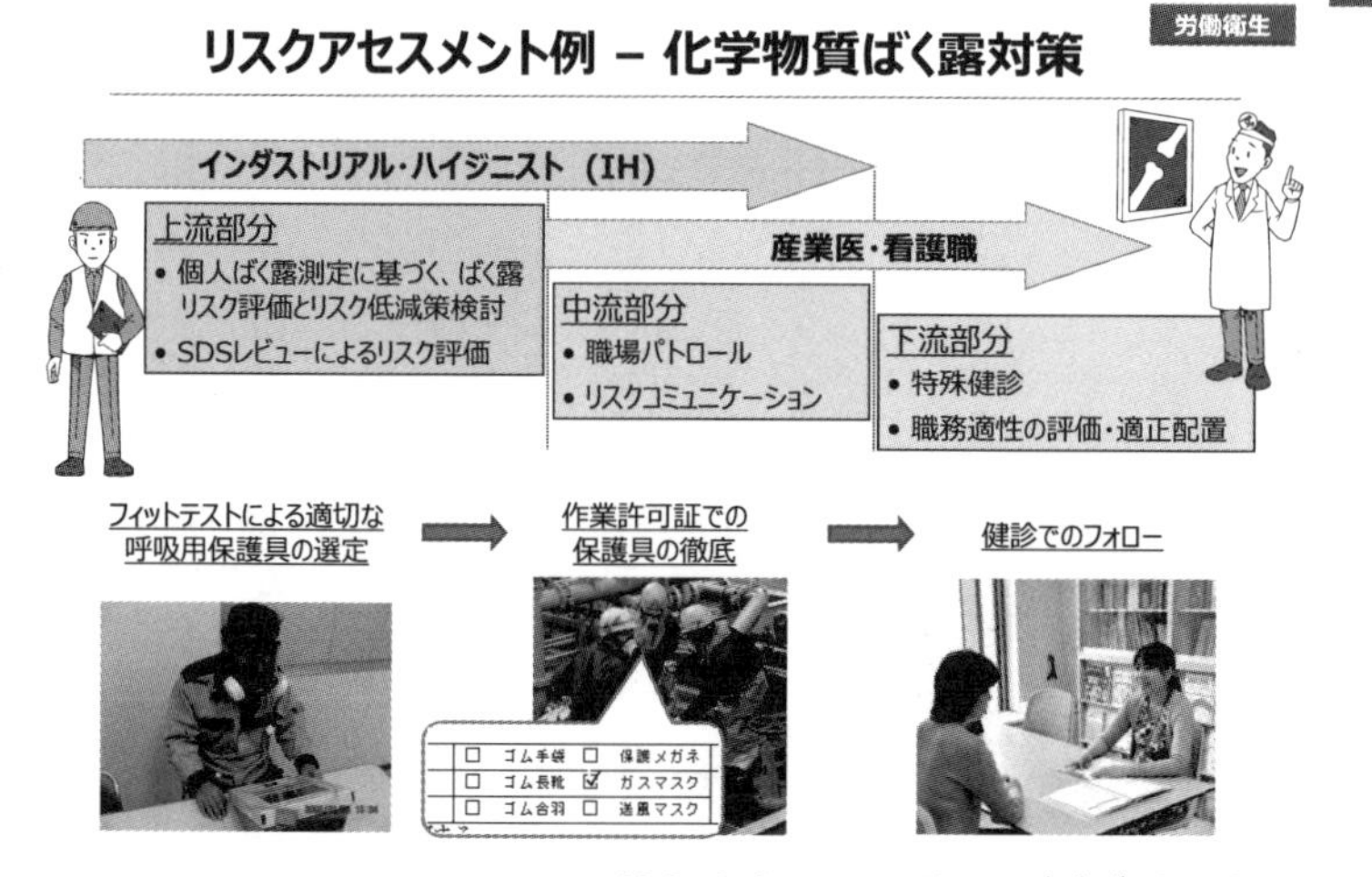

リスクアセスメントは、行うことが目的ではありません。見いだされた潜在的なリスクを低減し、その対策が有効に機能しているかを確実にフォローして、初めて効果があがります。

図26は、リスクアセスメント以降の代表的な流れを示しています。リスク評価は、ＩＨが個人ばく露測定等を行い、対策を決定していきます。

例えば、呼吸用保護具等で対応する方法を採用した場合、許容できるリスクまで低減できる能力を持ったマスクを選択することになります。次に、実際にそのマスクが顔にフィットしているか確認するフィットテストを行い、自分の顔にフィットしたマスクを選択して作業を行います。

フィットテストで漏れの大きい人も見つ

かっています。漏れが大きかった人は、他の形式のマスクを試して、自分に合ったマスクを選択することになります。

実際の作業においては、作業許可証でリスク対策が確実に実施されるように確認し、またパトロールで、現場で確実に実施されていることを確認します。

リスクの高い人には特殊健康診断でフォローを行います。もし、化学物質のばく露が疑われるような有所見者が出てきた場合には、その情報をＩＨに伝えてリスクの再評価や対策の有効性の検証を行います。

このようにリスクアセスメントから対策の確実な実行、健康診断によるフォローを有機的に行うことが、あるべき姿であると考えます。当社ではこの一連の流れを、操業管理システム「ＳＯＭＳ」の中に織り込んでいます。

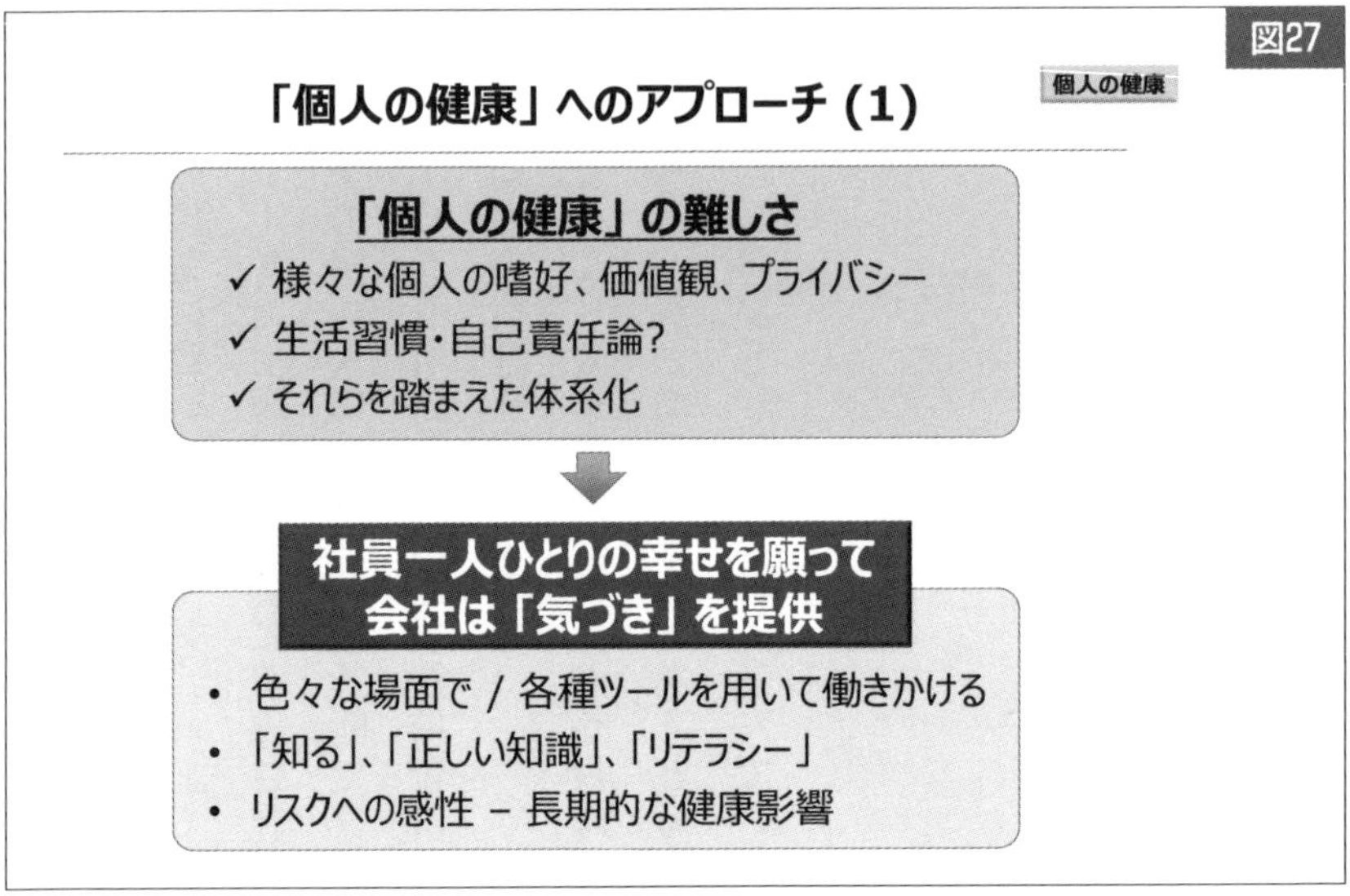

図27

「個人の健康」へのアプローチ (1)

個人の健康

「個人の健康」の難しさ

- ✓ 様々な個人の嗜好、価値観、プライバシー
- ✓ 生活習慣・自己責任論?
- ✓ それらを踏まえた体系化

社員一人ひとりの幸せを願って
会社は「気づき」を提供

- 色々な場面で / 各種ツールを用いて働きかける
- 「知る」、「正しい知識」、「リテラシー」
- リスクへの感性 – 長期的な健康影響

8　ＪＸＴＧエネルギー社の取組み
―個人の健康

「個人の健康」の難しさ（図27）

ここまで「労働衛生」の観点から当社の操業管理システムについて説明してきましたが、ここからは「個人の健康」についてお話しします。

「個人の健康」は「労働衛生」とは異なって、進める上でいくつかの難しさがあることが分かってきました。一点目は、「個人の健康」は、個人の生活や嗜好（しこう）、趣味、価値観など一人ひとりの行動から大きな影響を受けます。プライベートの領域に会社がどのように、どこまで関与するのかという点です。二点目は、「個人の健康は自己責任だ」「健康的でない生活習慣や不摂生で健康を損なう人をケアする必要はない」といった自己責任論を展開する人もいて、これも会社が「個人の健康」に取り組むことを難しくしている一因になっています。

しかし、健康経営に関わる取組みを充実させることは、企業価値の向上だけでなく、健康寿命を延ばし、ＱＯＬをキープし、仕事のやりがいや生きがい、そして一人ひとりの充実した人生につながることは間違いありません。働く人の健康寿命を延ばすこと、一人ひとりの幸せを願って、強制ではなく、健康に関わる気づきを与える施策を打っていく必要があります。その施策も、体系的な取組みにする必要があると考えています。

「個人の健康」への取組みの難しさを踏まえて、一人ひとりの健康増進を図りながら、将来の健康リスクを抱えている人にはその対応の必要性に関する気づきを提供することは、会社の役割です。そして、それぞれの健康状態を経年でフォローすることによって施策の妥当性を常に確認していくようなＰＤＣＡサイクルを回していくこと、すなわち体系的なアプローチが必要だと思っています。

健康情報データベースを統合

私どもの「個人の健康」へのアプローチについてお話しします。**図28**の左側の三角形は、経済産業省の健康影響度調査のモデルです。前述のとおり、統合された新しい会社で健康経営を進めるに当たって、このモデルで示されている約七十項目について、「個人の健康」

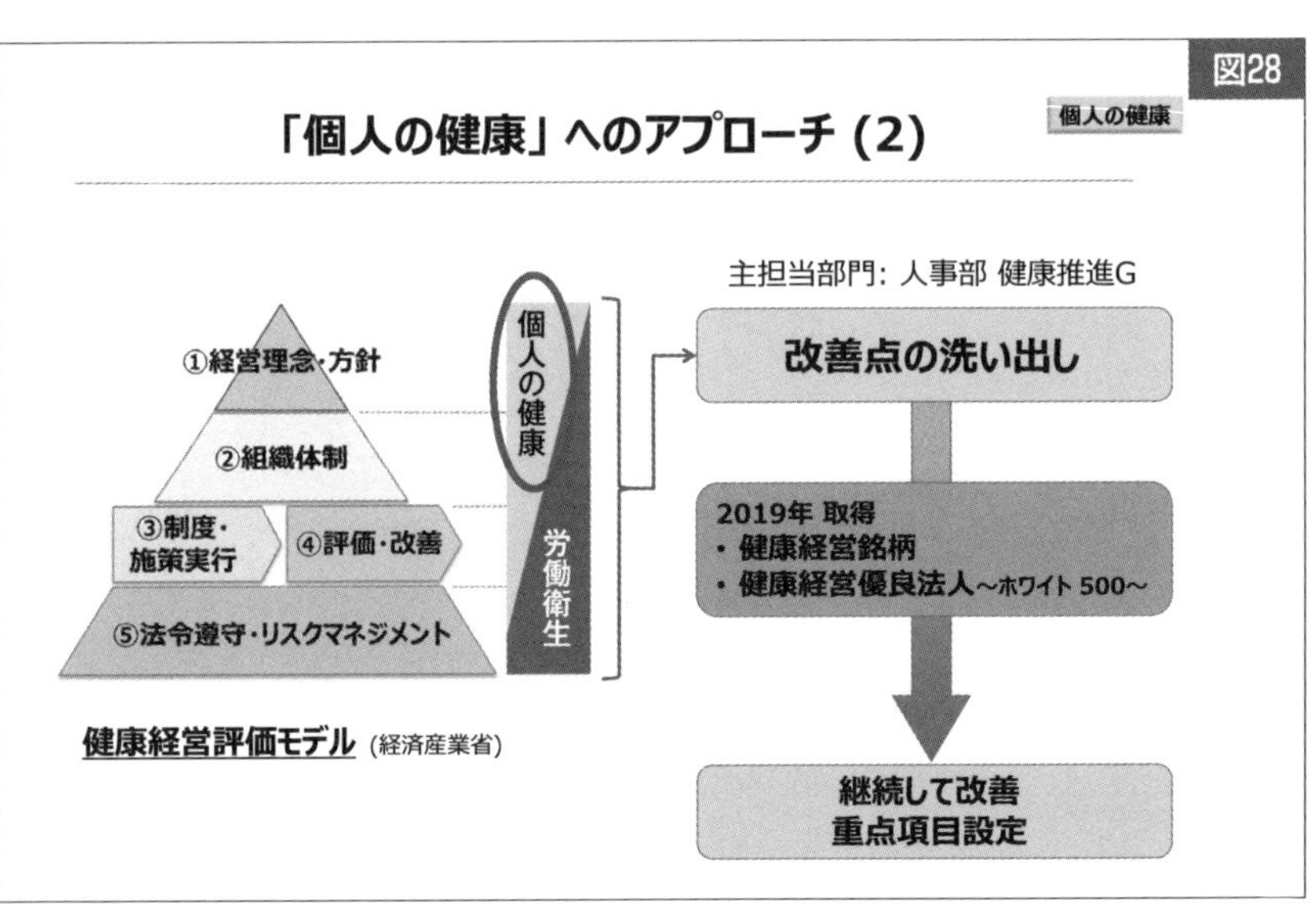

についても当社の活動を評価することから始めました。現状を把握して、潜在的な改善点を洗い出すためです。洗い出された改善点をもとに、いろいろな取組みや、手直し等の充実を図ってきました。

統合された新しい会社で、まず改善に向けて注力したことは、一人ひとりの健康診断の結果など、健康情報のデータベースを統合して、整合化していくことでした。また、当社は多くの会社の再編・統合の歴史があり、健康管理の取組みが整合していなかったこともありましたが、これらを整合化して体系的なものに直していきました。結果として、二〇一九年に健康経営銘柄に選定されるなど評価をいただいたわけですが、健康経営への取組みはまだ始まったばかりで、スタートラインについたところだと思っています。今後、ま

図29

個人の健康

「個人の健康」重点項目

- さらに充実を進めている主要エリア

(2018年～)

☑ 長時間労働への対応

☑ ストレスチェック制度を活用した
メンタルヘルス対策

☑ 任意健診の受診率向上

☑ 健康データの活用 / 健診フォローの徹底

☑ ヘルスリテラシー教育 / 生活習慣改善

☑ 体系化
/ PDCA サイクルの確立 - 継続的改善

▲ 社内イントラ掲載

すますの継続的な改善が必要なことは、言うまでもありません。

五つの重点項目

次に、現在、当社で考えている「個人の健康」についての重点項目についてお話しします（**図29**）。重点項目として、五つが挙げられます。継続的にフォローするものとして、一つ目は、有給休暇の取得や、残業など長時間労働への対応です。二つ目はストレスチェックを活用したメンタルヘルスへの対応、三つ目は法定ではなく任意の健康診断、例えばがん検診などの受診率の向上です。四つ目は健康データの効果的な活用と検診のフォロー、そして五つ目は、ヘルスリテラシー教育と生活習慣改善への取組みです。**図29**の最後の項目に「体系化」とありますが、個別の取組みを取りまとめ、健康経営への取組みを効果的・効率的に進めるために必要だと考えています。健康増進の施策には、禁煙プログラム、減塩プログラム、運動奨励などいろいろな取組みがあろうかと思いますが、単発ではなく、「労働衛生」でお話ししたような科学的、体系的、網羅的な仕組みにした管理システムを、将来的には「個人の健康」にも使っていきたいと考えています。まず、個人データの収集・分析、そして科学的・医学的知見に基づいた個人の健康支援システムを立ち上げ、継続的な改善に取り組むことを考えています。そこでは、健康経営として、プライバシーの問題や個人の価値観などと折り合いをつけていく必要があります。また、健康自己責任論など克服すべき課題はたくさんありますが、個人の健康を管理する仕組みの確立は、こういったチャレンジへのハードルを下げることにも役立つと思っています。次に、現在、当社で取り組んでいる強化項目の事例をいくつか紹介します。

取組み事例—健康支援システムの整備など

図30は、前述した当社の健康支援システムの個人の管理画面の一部です。このシステムのPC画面上で、自身の過去分を含めた各種健康データを見ることができます。また、健診の受診を勧めたり、産業医から個人に対するコメントの発信、さらには有所見者に対する再検査のフォローなどのやりとりが、このシステムを介して行われます。一方、当社の

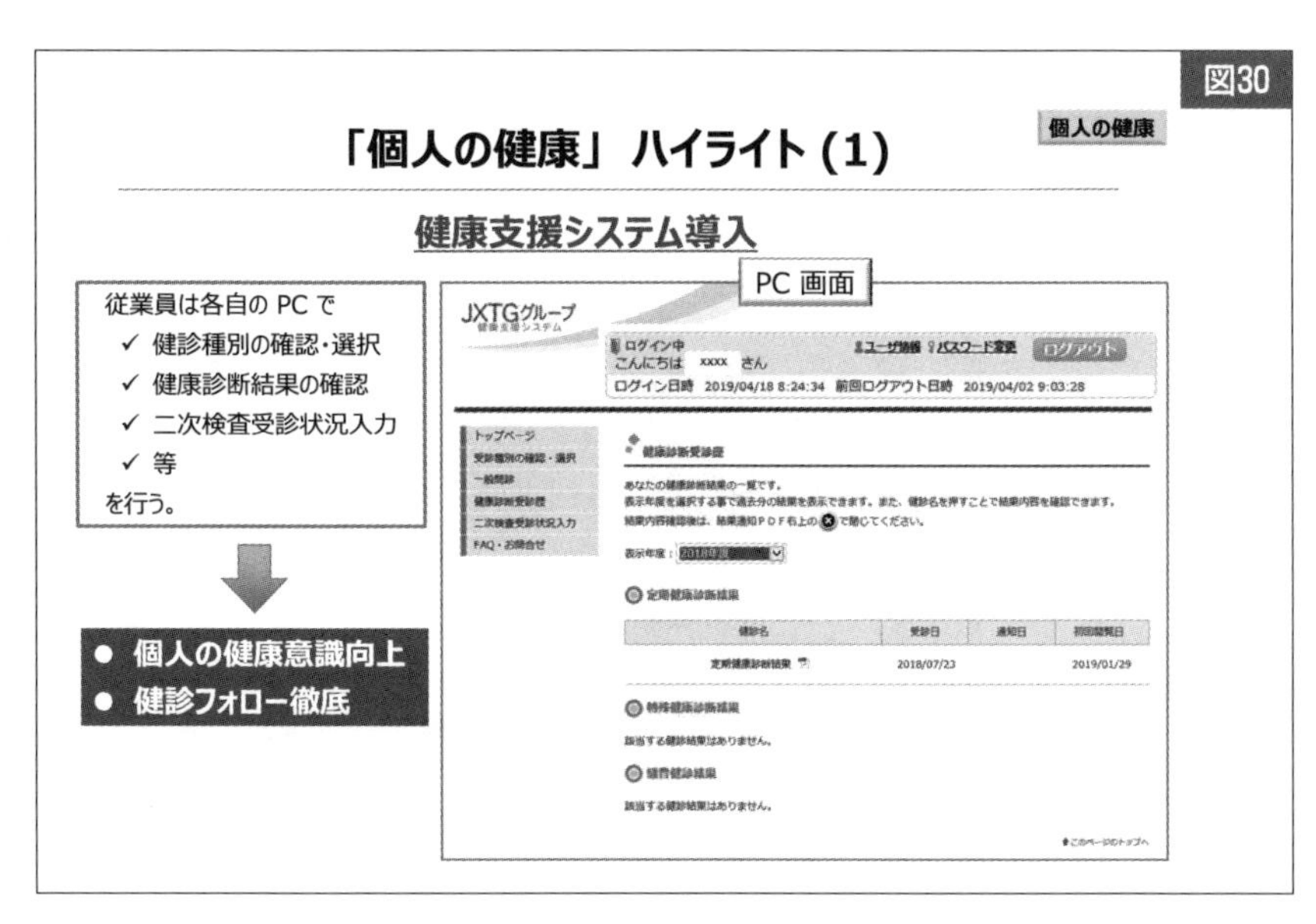
図30
個人の健康
「個人の健康」 ハイライト (1)
健康支援システム導入
従業員は各自の PC で
✓ 健診種別の確認・選択
✓ 健康診断結果の確認
✓ 二次検査受診状況入力
✓ 等
を行う。
● 個人の健康意識向上
● 健診フォロー徹底
PC 画面
JXTGグループ
ログイン中
こんにちは xxxx さん
ログアウト
ログイン日時 2019/04/18 8:24:34 前回ログアウト日時 2019/04/02 9:03:28
トップページ
2018/07/23
2019/01/29

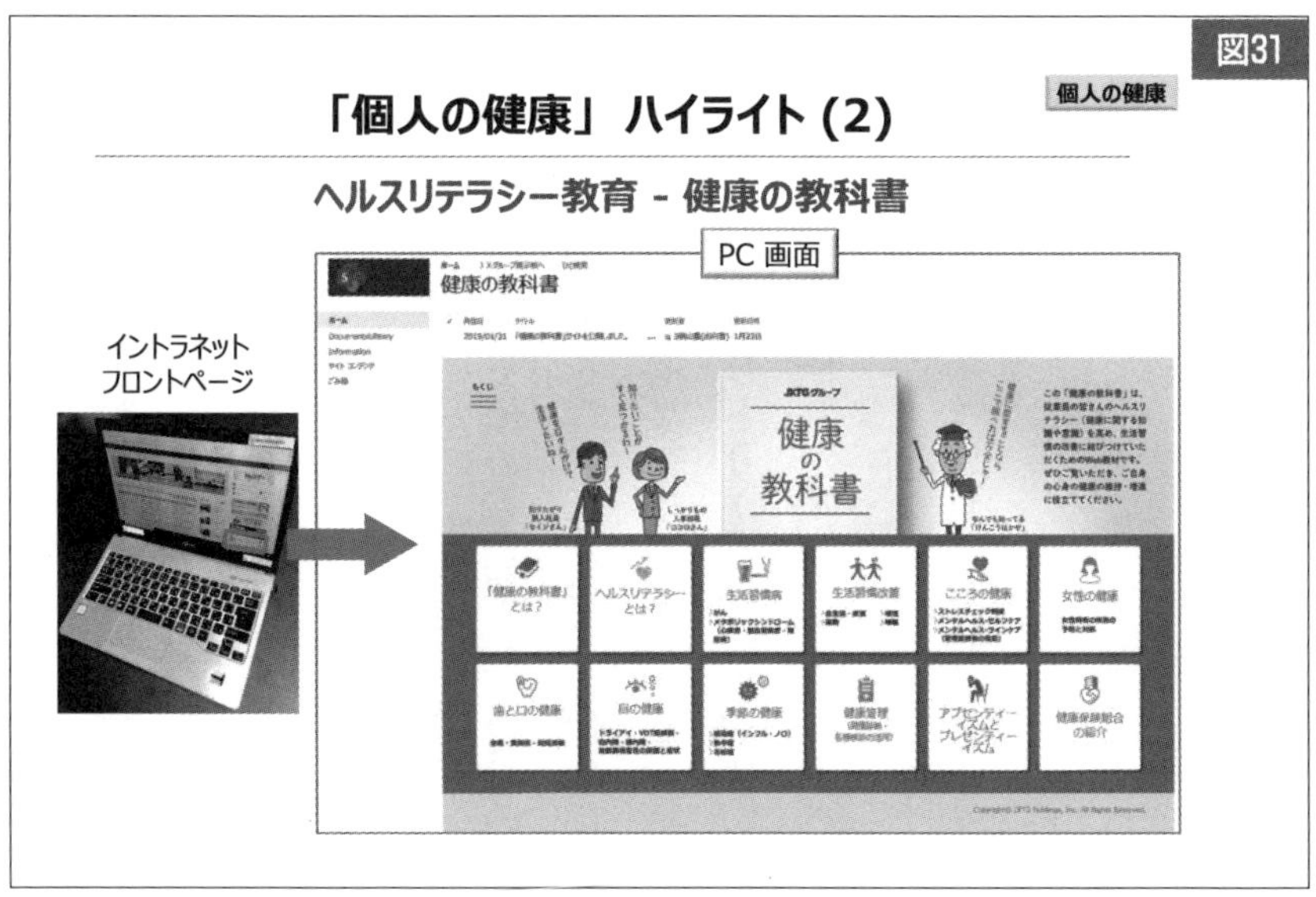
図31
個人の健康
「個人の健康」 ハイライト (2)
ヘルスリテラシー教育 - 健康の教科書
PC 画面
イントラネット
フロントページ
健康の教科書
JXTGグループ
健康の教科書
「健康の教科書」とは？
ヘルスリテラシーとは？
生活習慣病
生活習慣改善
こころの健康
女性の健康
歯と口の健康
目の健康
季節の健康
健康管理
健康保険組合の紹介

保健師や健康推進スタッフも、このデータベースに蓄積された社員の健康情報を分析することで、効果的な健康推進施策の企画立案に活用します。具体的には、当社として優先的に取り組む課題を洗い出し、ポピュレーション・アプローチとハイリスク・アプローチ※を駆使して全体の健康水準の底上げを図るとともに、有所見者に対しては健康リスクの低減の対応も可能になります。

図31は、イントラネット上のヘルスリテラシー向上のための教育資料「健康の教科書」です。ヘルスリテラシー、すなわち健康に対する正しい知識を見極め、理解し、自身の健康増進に活用してもらおうというものです。例えば、健康診断を受けただけでは健康にはなりません。診断の結果に基づいて生活の習慣を改善したり、必要に応じて再検査や治療を受けるなど、適切に対応しないと効果は得られません。一人ひとりが自律的に適切に行動するには、正しい知識を身に付けてもらうことが必要です。それがイントラネットヘルスリテラシー教育「健康の教科書」の狙いです。

図32は健康支援システムから抽出した健康に関するデータの一例です。健康支援システ

※ポピュレーション・アプローチ：まだ高リスクを抱えていない集団に働きかけ、集団全体がリスクを軽減したり病気を予防したりできるようにすること。
ハイリスク・アプローチ：健康障害を引き起こす可能性のある集団の中から、より高いリスクを持っている人に対して働きかけ病気を予防すること。

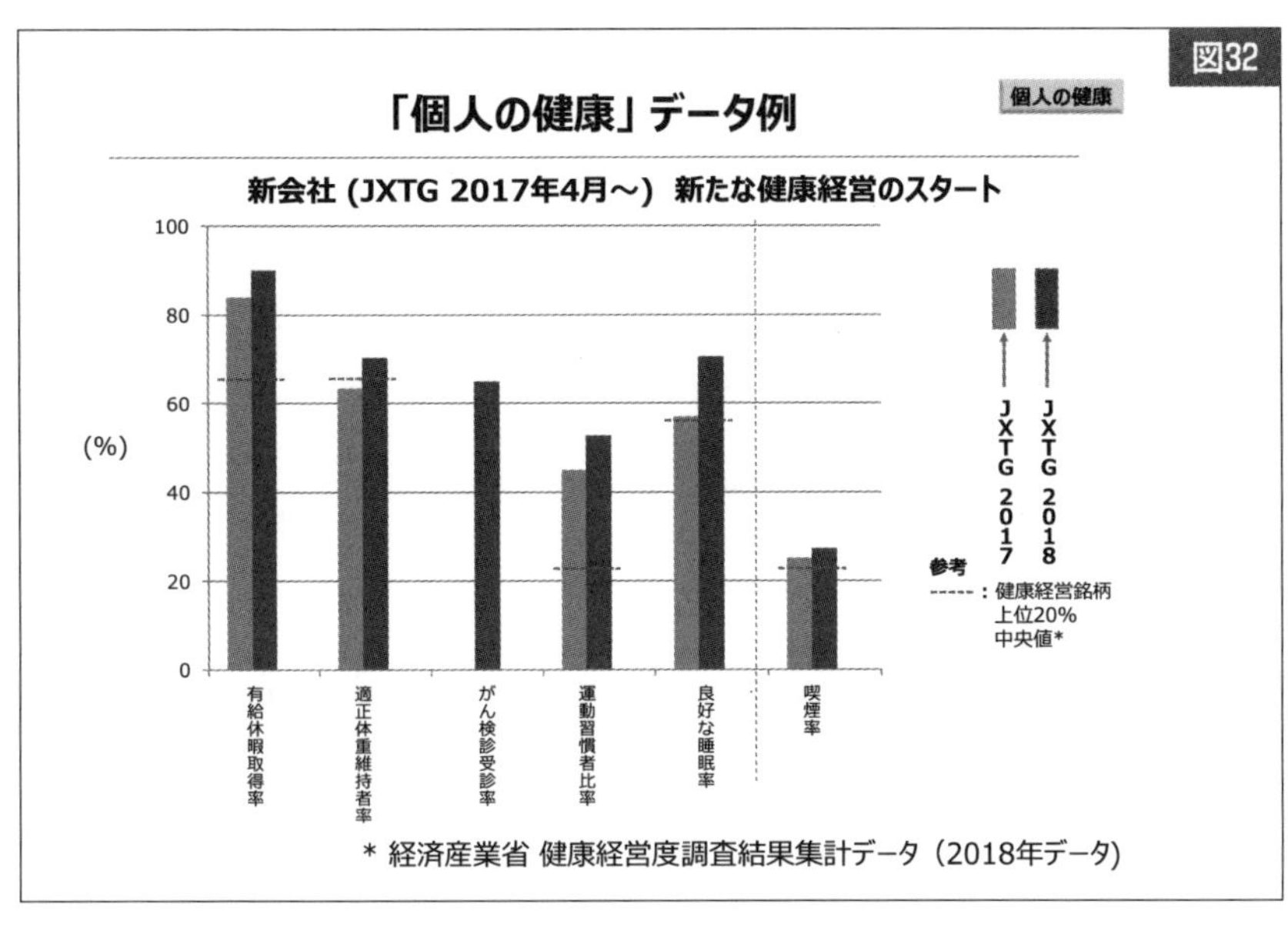

ムで収集したデータを用いて社員の健康水準を把握するための項目をＫＰＩとして定め、経年でその数値の推移をフォローして次の手を打つなど、健康増進プログラムのＰＤＣＡに活用したいと考えています。**図32**のチャートでは、社内の有給休暇取得率、適正体重維持率、がん検診受診率、運動習慣者比率、良好な睡眠率、喫煙率を抽出し、二〇一七年と二〇一八年を比較しています。これらは主に先行指標ですが、結果として生活習慣病やメタボ等との関連もよく見えるようになると思います。そして、全体の健康水準の底上げや一人ひとりの健康増進に効果的に働きかけることが可能になると考えています。

9　まとめ―健康経営に欠かせないトップの役割

体系的で継続的な取組みを

これまでのお話しを、**図33**にまとめてみました。

①　健康経営を進めるためには、まず「健康」に対して会社として明確な理念や考え方、ゴールセッティングが必要だということです。経営が働く人の健康に関して、内外に対して宣言するなど、コミットすることはとても大事なことです。

②　健康経営には二つの側面があることです。すなわち「労働衛生」と「個人の健康」です。この両方が大切です。

③　成果を上げるためには、ブームや単発で終わらせることなく、体系的で継続的な取組みを可能にする、仕組みの構築が必要です。さらに、仕組みを導入するだけではダメで、現場や職場第一線での実効性がないと意味がありません。また「個人の健康」については、前述のとおり、乗り越えるべきハードルがたくさんありますが、体系化は、こういったハードルを低くすることにも役立つと考えています。

④　専門家の育成と配置です。健康に関する知識を有した専門家です。ＩＨは充実させるべきと考えています。

図33

まとめ – わたしたちの願い

① **「健康」に対する明確な理念、ゴールセッティング**
⇒ 経営への取り込み

② **健康経営 2つの側面 – 両方大切**

労働衛生 ⇒ 操業管理システム (法規制遵守を超えて)

個人の健康 ⇒ 個人の自己管理 と 会社の支援

③ **仕組みの構築/実効性**
⇒リスクベース、科学的/体系的/継続的、PDCAサイクル

④ **専門家の養成・配置** – 例: IH (インダストリアル・ハイジニスト)

⑤ **トップの目に見えるリーダーシップ**

- **リソース （経営資源） 投入**– 形だけではダメ / 組織・仕組みに魂を入れる
- **チャレンジ – 多様な個人価値観の中での共感**
- **多数の関係者の協働・ベクトル合わせ**

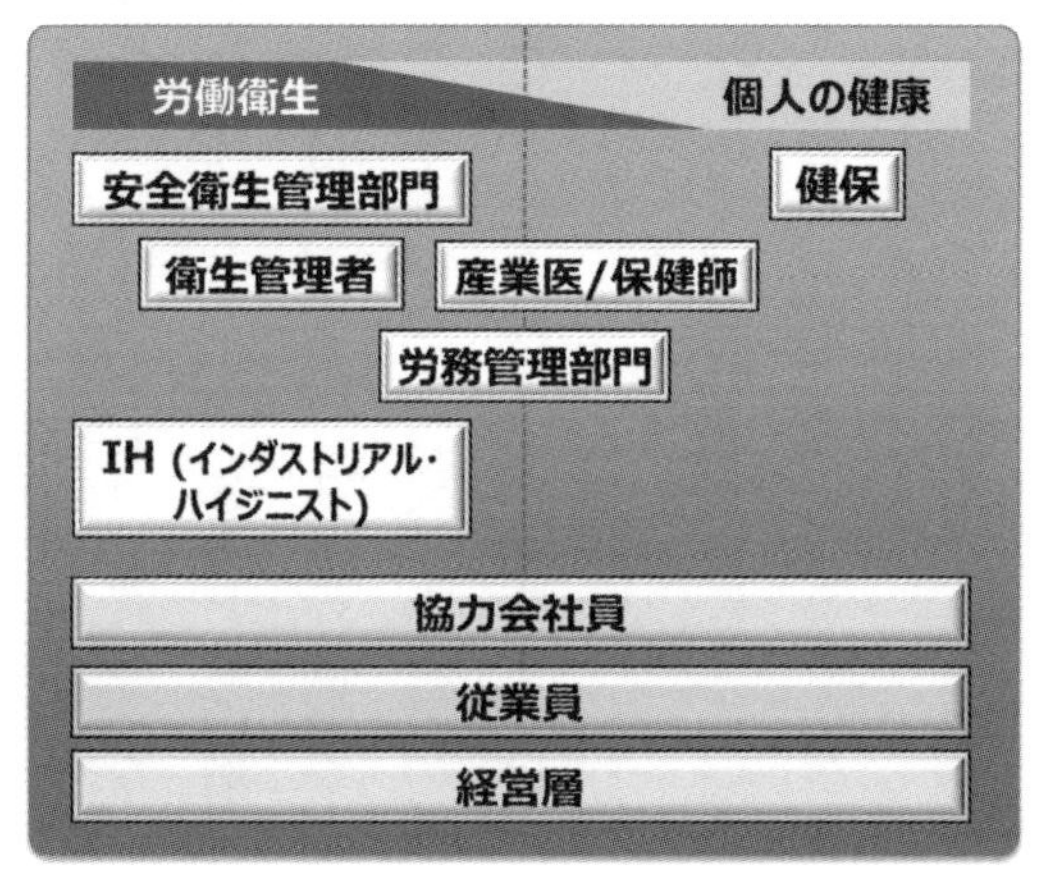

PDCA: Plan – Do – Check – Action

トップのリーダーシップが必要

⑤　トップの目に見えるリーダーシップ。これらのことを推進する出発点として、イニシエーター（創始者、流れを創る人）であるトップの役割についてまとめてみました。

健康経営を推進するためにトップの目に見えるリーダーシップの発揮が必要です。目に見える典型的なものは、経営資源の投入です。掛け声やスローガンだけに終わらないように、必要なこと、必要なお金、必要な人を投入するということです。SAP社の例で示したように、効果的な健康プログラムは企業価値の向上のほか、関連コストの削減など、会社にもベネフィットをもたらします。健康経営は、コストではなく投資であるとの共通の認識が必要です。また体系的なシステムの導入・配備は、形だけではダメです。いかに魂を入れ、実効性を上げるかが重要です。

また、個人の多様な価値観がある中で、健康増進について、会社が大切にしている価値観として共有し、いかに一人ひとりの共感を得るか、丁寧かつ粘り強いコミュニケーションが必要だと考えています。

最後に、健康経営には「労働衛生」と「個人の健康」という二つの側面があり、それらに関わる関係者は非常に多いということです。会社が目指す方向、ゴールを全員が共有し、縦割りでなく、協働していくことが必要です。その方向に導けるのはトップです。トップが関係者のベクトル合わせを行うことが、健康経営の成功の大きなカギとなります。

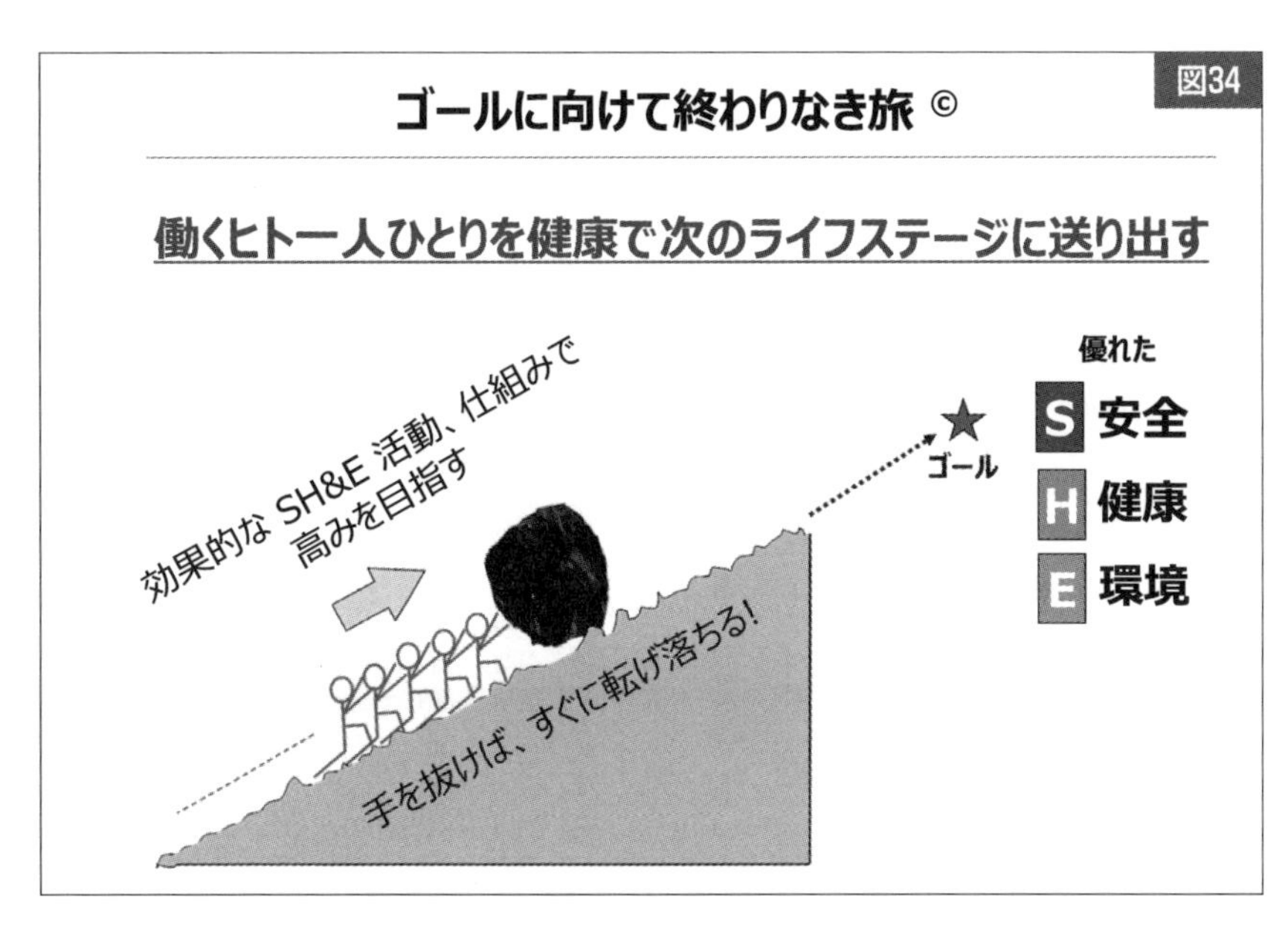

一枚の絵をお見せして、私の講演を締めくくります（**図34**）。健康についてのゴールは、働くヒト一人ひとりを健康で次のステージに送り出す、すなわち健康寿命を延ばして、一人ひとりの充実した人生を支援することです。皆様のご参考になれば幸いです。

あとがき

一昨年に引き続き、講演（全国産業安全衛生大会 二〇一九年）とブックレット執筆の名誉を頂戴いたしましたこと、中災防 八牧暢行理事長に深く感謝申し上げます。八牧さんからご依頼を受けた際、「健康経営」にもっと優れた会社は他に沢山あるでしょう……と躊躇いたしました。一方で、世の中の健康経営の評価が、「個人の健康」偏重である（「労働衛生」が出てこない）、実効性の考慮が乏しい等の現状にモノ申したいとの思いもありました。

京都での講演は、八牧理事長はじめ事務局の皆様のご尽力により聴衆一千名超の大盛会となりました。講演終了後、会場で十人くらいの方がお話しに来られました。「健康」に関わられているさまざまな職種の方々です。その中で、自組織での取組みの問題点を述べられる方も少なからずいらっしゃいました。改めて、本書で述べた組織トップの「リーダーシップの発揮」「ゴールに向けての関係者のベクトル合わせ」が重要であることを痛感いたしました。

今回、「個人の健康」と「労働衛生」の両面、健康経営の全体像を述べたつもりです。労働衛生の分野は、前作※で記したとおり、完全にリスクベースの世界ですが、個人の健康の方は、単純にそうはいきません。個人の価値観のカベもあります。今回の執筆に際して長年SH&E活動を一緒にやってきました共著者の渡辺のほか、当社の中原（産業衛生GM）、吉田（健康推進GM）らも交えて侃々諤々（かんかんがくがく）、長時間の議論をするチャンスがありました。この世界「健康」について比較的よくわかっていると思われる四人でもさまざまな考え方があり、例えば個人の健康についての一つのコンセンサス――「究極は、個人の健康も労働衛生同様にマネジメントシステムに乗せてリスクベース」――を得るにも時間がかかりました。ましてや全組織での「健康経営」の共通認識、価値観の共有を醸成するのは、たやすいことではないと思います。本書が、それらのカベを乗り越える一助になれば幸いです。いずれにしましても、人生一〇〇年超、日本の活力の源泉である「健康」に寄与できることを強く念願いたします。

最後になりましたが、日本における産業保健の第一人者のおひとりでいらっしゃる産業医科大学　産業生態科学研究所教授　森　晃爾先生に本書のお話をさせていただいたところ、大いにご賛同いただき、まえがきをご寄稿いただく栄誉を賜りました。厚く御礼申し上げます。また、出版に際して大変お世話になった中災防出版事業部の五味課長、横更さんに深く感謝いたします。

武藤　潤

※「安全・健康・環境におけるトップの覚悟と役割 ― リスクベースで取り組む安全操業」（二〇一九年、中災防）

著者のご篤志により、本書の印税は中央労働災害防止協会により労働災害防止および被災者支援のために役立てられます。

■著者プロフィール■

武藤 潤（むとう じゅん）

1982年　横浜国立大学工学部卒業
1993年　慶應義塾大学大学院 経営管理研究科修了
1982年　ゼネラル石油株式会社入社
2003年　東燃ゼネラル石油株式会社 和歌山工場長
2006年　代表取締役常務取締役 川崎工場長
2012年　代表取締役社長
2017年　JXTG ホールディングス株式会社 代表取締役 副社長執行役員 社長補佐（現任）
2000～2012年　ExxonMobil 関係業務に従事

渡辺 哲（わたなべ さとる）

1982年　早稲田大学 大学院理工学研究科 修士課程修了
1982年　東亜燃料工業株式会社入社
1997年　ガソリン脱ベンゼンプロジェクト エンジニアリングマネージャー
1999年　川崎工場 機械設計課長
2003年　東燃ゼネラル石油株式会社 川崎工場 環境安全部長
2006年　堺工場 環境安全部長
2011年　環境安全部長
2012年　執行役員 環境・安全・衛生統括部長
2017年　JXTG エネルギー株式会社 環境安全部（現任）
2003～2012年　ExxonMobil 関係業務に従事

中災防ブックレット

マネジメントシステムで進める健康経営
取組みの全体像と実践

令和2年3月16日　第1版第1刷発行

著　者　武藤　潤　渡辺　哲
発行者　三田村憲明
発行所　中央労働災害防止協会
東京都港区芝浦 3-17-12　吾妻ビル9階
〒108-0023
電話　販売　03（3452）6401
　　　編集　03（3452）6209

印刷・製本　㈱丸井工文社
表紙デザイン　デザイン・コンドウ
イラスト　田中　斉

乱丁・落丁本はお取り替えいたします。

ISBN978-4-8059-1930-9　C3060
中災防ホームページ　https://www.jisha.or.jp